COISAS NOSSAS

COISAS NOSSAS

Luiz Antonio Simas

5ª edição

JOSÉ OLYMPIO

Rio de Janeiro, 2022

CIP-Brasil. Catalogação na publicação
Sindicato Nacional dos Editores de Livros, RJ

5ª ed. Simas, Luiz Antonio
S598c Coisas nossas / Luiz Antonio Simas. – 5ª ed. – Rio de Janeiro: José Olympio, 2022.
142 p.

ISBN 978-85-03- 01332-1

1. Crônica brasileira. 2. Rio de Janeiro (RJ) – Crônicas. I. Título.

17-42317
CDD: 869.8
CDU: 821.134.3(81)-8

Copyright © Luiz Antonio Simas, 2017

Capa: Renan Araujo
Editoração eletrônica: Ba Silva

Este livro foi revisado segundo o novo Acordo Ortográfico da Língua Portuguesa.

Todos os direitos reservados. Proibida a reprodução, armazenamento ou transmissão de partes deste livro, através de quaisquer meios, sem prévia autorização por escrito.

Reservam-se os direitos desta edição à
EDITORA JOSÉ OLYMPIO LTDA.
Rua Argentina, 171 – 3º andar – São Cristóvão
20921-380 – Rio de Janeiro, RJ
Tel.: (21) 2585-2000

Seja um leitor preferencial Record.
Cadastre-se e receba informações sobre nossos lançamentos e nossas promoções.

Atendimento e venda direta ao leitor:
sac@record.com.br

ISBN 978-85-03- 01332-1

Impresso no Brasil
2022

> "Baleiro, jornaleiro,
> motorneiro, condutor e passageiro,
> prestamista e o vigarista,
> e o bonde que parece uma carroça..."
> Noel Rosa

Sumário

Apresentação, 9

O nosso rei, 11
Coisa da antiga, 13
Chave de Ouro, 15
Fantasias tropicais, 17
Samba no sufoco, 19
O gurufim do Blecaute, 21
Cenas carnavalescas, 23
Olha o Bafo da Onça, 25
Misturas perigosas, 27
O meu bicho-papão, 29
A peleja do Seu Sete contra o General, 31
Acordando no caixão, 33
Incrível, fantástico, extraordinário, 35
A cidade elegante, 37
Medicinas, 39
O mundo acabou em Deodoro, 41
Salvem as brincadeiras de rua, 43
A alma da Tijuca, 45
Tempo de pipa, 47
A vida nos cemitérios, 49
Aristides, o doutor das antigas, 51
Kichute, calce essa força, 53
Senhoras rezadeiras, 55
Quitandas cariocas, 57
A primeira barba a gente nunca esquece, 59
Botica, bodega e biblioteca, 61
O recado do mestre sapo, 63

Com que fantasia?, 65
O baile, 67
O primeiro desfile de uma escola de samba, 69
Novas infâncias, 71
O terço e o Exu, 73
A patriota, 75
O concurso, 77
A cidade sequestrada, 79
Funcionário exemplar, 81
Fragmentos do menino, 83
Buenos Aires em Fazenda da Bica, 85
A última morada, 87
Meu São João, 89
Os bares nascem numa quarta-feira, 91
Cinema de rua, 93
Uma tarde com Elizeth e Villa, 95
Um otário na feira, 97
Zona Norte, um guia de afetos, 99
A moça branca é amiga, 104
Meu telefone, 106
O triunfo da honestidade, 108
Macumba, carnaval e samba, 110
O trem fantasma, 112
O país do menino, 114
O dia em que a Portela cantou Silas de Oliveira na Sapucaí, 116
Dia de Santo na cidade, 118
A hermenêutica do jogo de purrinha, 120
Foda-se o fondue, 122
O bode e o Marechal, 124
Educação pelo Telecatch, 126
Cenas de dezembro, 128
Primeiro sinal do Natal, 130
Inimigo do amigo-oculto, 132
A chegada de Sinhá Pureza, 134
Cartografia, 136
O meu Ano-Novo, 138

Apresentação

As crônicas deste livro podem ser lidas como bulas antigas de remédios fortificantes

Os textos deste livro formam uma espécie de roteiro sentimental de uma cidade que talvez nunca tenha existido, mas que certamente vive em mim. Algumas foram publicadas na coluna que mantive durante quase dois anos no jornal O Dia, outras circularam em sites e redes sociais. Há ainda material inédito. Todas elas, de certa forma, falam a partir da fronteira entre a crônica e a História sobre a vida que acontece nas ruas, entre festas, folguedos, brincadeiras, celebrações e miudezas. Muitas coisas foram inventadas, sobretudo aquelas que, convictamente, tenho certeza que ocorreram.

O nosso rei

Momo, o filho da Noite, é um deus da mitologia grega. Em algumas versões — como em Hesíodo e Luciano de Samósata, dois sabichões das antigas — a divindade seria feminina. Chegado numa galhofa, atazanou a paciência dos outros deuses até conseguir ser expulso do Olimpo pelo próprio Zeus. Como diria minha avó, o malandro (ou a malandra) era fogo na roupa.

Na Roma antiga, à época das saturnálias (festa marcada, como o nosso Carnaval, por ritos de inversão social), escolhia-se alguém para representar Momo. O eleito dava ordens, comia, brincava e enchia a moringa. No final do furdunço, completamente de porre, o Momo da vez era sacrificado.

Entre os brasileiros, a tradição de um Rei Momo soberano do carnaval surgiu na década de 1930 e é carioca. Repórteres gaiatos do jornal *A Noite* escolheram Francisco Moraes Cardoso, um cronista de turfe, para personificar o monarca. Cardoso era um balofo clássico, apelidado, em tempos politicamente incorretos, de chupeta do Vesúvio. Dotado de apetite insaciável, exerceu a função até 1948, quando bateu a caçoleta e o Rei Momo passou a ser escolhido por concurso.

Por causa de Moraes Cardoso, a imagem de Momo ligou-se, por aqui, a personagens imensos, verdadeiros cachalotes coroados entre chuvas de serpentinas e confetes.

Nos meus tempos de moleque, o concurso para Momo rolava no Largo da Carioca. Exigia-se que os candidatos, debaixo de um sol da marchinha *Alalaô*, devorassem quantidades inacreditáveis de frangos de padaria e travessas de macarrão. Após o rega-bofe, era hora de mostrar o samba no pé, ao lado das candidatas a rainha e princesa do carnaval. Sempre achei que alguém fosse cair mortinho da silva durante o evento.

Mais recentemente, em nome da saúde, algumas cidades têm escolhido soberanos magricelas, no melhor estilo Olívia Palito. Os defensores dos magros evocam ainda o fato de que, na Antiguidade, Momo não era rechonchudo.

Eu prefiro louvar a memória de Moraes Cardoso e o espírito galhofeiro da fuzarca. Há quem se engaje na luta pela preservação da ararinha-azul e do mico-leão. Vou nessa onda e lanço uma campanha pela preservação dos reis Momos gordos no carnaval; tradição criada aqui, como o samba, a prontidão e outras bossas cantadas no samba do Noel.

Coisa da antiga

Outro dia, ao conversar com um jovem que devia ter lá os seus 16 anos, terminei o bate-papo com uma expressão que me pareceu óbvia: chuchu beleza. O garoto, todavia, me olhou como se eu fosse uma pintura rupestre do Parque Nacional Serra da Capivara; verdadeiro registro ambulante das origens do Homem Americano.

Admito que uso mesmo algumas expressões mais fora de moda que o sapato cavalo de aço, o terno linho S-120, o corte de cabelo Príncipe Valente, o Conga azul, o Bamba branco e o Kichute; calçados que marcaram a infância de muitos garotos da minha geração.

Sou daqueles que ainda falam isso é mamão com açúcar, para definir as coisas fáceis; virou coqueluche, para dizer que algo virou moda; cafundó do Judas e beleléu, como referências a um lugar distante; e passar a batata quente, como o ato de jogar o problema nas mãos de outra pessoa. Homem bonito é um pão, moça bonita é um pitéu e jovens cheios de borogodó são brotos. Exclamo barbaridade quando me espanto, chamo minha turma de patota e costumo dizer não a alguns pedidos com a sentença inapelável: nem que a vaca tussa!

As expressões hoje me parecem menos inventivas. Gosto das sonoridades da minha infância, cheia de exclamações retumbantes para definir atos simples. Lembro-me do meu avô falando do fulano, cheio dos salamaleques, que deu uma de Mandrake, botou dez no veado e ficou com a cor de burro quando foge ao ser flagrado com a boca na botija.

Mas esse arrazoado serve para que eu divida com os amigos uma revelação. Lendo o *Dicionário da hinterlândia carioca*, livro do mestre Nei

Lopes sobre as coisas do subúrbio, deparei-me com um verbete sobre bola de gude. Qualquer um que já carambolou bolas cacarecadas sabe que o grito de guerra que caracteriza o jogo é o "marraio, feridô, sou rei". O que eu nunca soube é que diabos significa exatamente este feridô.

Pois Nei Lopes diz, para me deixar maravilhado, que uma das hipóteses para a expressão é a seguinte: ela se refere a certo "Phillidor", famoso enxadrista francês que, no século XVIII, era especialista em matar as partidas com xeques-mates fulminantes. Ainda que a versão não seja comprovada como pule de dez, a simples hipótese de o francês designar um grito de guerra dos meninos que jogam bola de gude me leva a imaginar coisas do arco da velha.

Ando até pensando em tirar as bolas de gude do fundo da gaveta para gritar, às antigas, o lema que na minha infância foi mais relevante que qualquer independência ou morte.

Chave de Ouro

Gosto de escrever sobre carnaval no meio do ano. De certa forma, é uma maneira de curar o banzo da festa que passou e esquentar os tamborins para a que virá. Permitam-me, então, mandar o inverno às favas e falar sobre o antigo e suburbano Bloco da Chave de Ouro, que durante pelo menos trinta anos foi a mais subversiva agremiação do carnaval carioca.

A versão mais famosa (existem várias) sobre a criação do bloco é fabulosa. Dizem que tudo começou por causa de um tumulto, nos anos de 1940, numa sessão de cinema no Engenho de Dentro. Espectadores apavorados com um alarme de incêndio durante um filme deixaram o cinema às carreiras e, constatada a falsidade da ameaça, resolveram percorrer as ruas próximas cantando e tocando latas. Daí teria surgido a ideia de se criar um bloco na região.

O que deu ao Chave de Ouro uma fama irresistível foi o fato de o bloco desfilar sempre na Quarta-Feira de Cinzas, em um período em que a igreja católica condenava os foliões com exortações ao inferno e a polícia reprimia o fuzuê no dia do recolhimento para a Quaresma. Normalmente o cacete comia entre os membros do bloco e os meganhas, com direito a público, louco para ver o circo pegar fogo, lotando as calçadas da rua Borja Reis para acompanhar a confusão.

Há quem diga que vários foliões do bloco eram arruaceiros que paravam na cadeia durante o reinado de Momo e só eram liberados nas Cinzas. Resolviam, então, brincar no Chave de Ouro para descontar os dias trancafiados no xilindró enquanto a cidade se divertia.

O líder do Chave de Ouro, Luiz Macaco, tinha a tese de que a graça do bloco, e o que dava a ele o apoio de centenas de foliões, era exatamente o desafio aos homens da lei e da fé. Quanto maior a repressão e o conflito generalizado, mais divertido era o desfile.

Os homens do poder público cortaram um dobrado para lidar com os malucos do Chave de Ouro e não perceberam que a solução era fácil: a graça para os foliões era exatamente a subversão da ordem, o drible na proibição e o enfrentamento entre os cassetetes dos policiais e as baquetas dos bumbos. Bastou o bloco, na segunda metade dos anos de 1970, deixar de ser proibido para que a alegria murchasse e o ziriguidum perdesse o molho.

O carnaval, afinal de contas, é o tempo necessário da subversão, na fresta, dos dissabores do cotidiano pelas alegrias da festa; a maneira mais eficaz que conheço de reinventar, sorrindo nos infernos, a vida

Fantasias tropicais

Mando de prima uma dica para os chegados ao forrobodó: leiam os livros do professor Felipe Ferreira sobre o carnaval. O folião embarca na leitura e descobre coisas do arco da velha. Em 1862, por exemplo, uma loja da rua do Ouvidor lançou 65 tipos de fantasias para quem quisesse sassaricar. Entre as opções, coisas como louco flamante, corsário grego, astrólogo de Madagascar, camponês da Galícia, pescador napolitano, oficial da guarda francesa, Mefistófeles, mandarim chinês, Luís XIV, índio parisiense, centurião romano, faraó, ministro de Nabucodonosor, tuaregue e homem das cavernas.

Fico a imaginar que diabos seria um louco flamante (algo como um doido incendiário) e chego a sentir o suor escorrer pelo sovaco ao pensar em um traje à Luís XIV na canícula tupiniquim. Faço, por isso, uma confissão incorreta, daquelas que o sujeito só deveria fazer morto, ao médium de mesa: quando ouço falar em verão do aquecimento global, ignoro o destino do urso-polar e me comovo com o drama do folião fantasiado. Ao menos as escolas de samba minoraram isso, dividindo o desfile. Não temos mais aquela maluquice do baticum ao sol do meio-dia, com baianas desmaiando e passistas desidratadas.

O folião de rua precisa se adaptar às alterações climáticas. Contribuo sugerindo fantasias para o sururu no calorão. Uma delas, para os homens, é a de estátua de Exu Tranca-Rua. Basta uma sunga preta, tridente, chifres discretos, capinha e cavanhaque para resolver a questão. Qualquer loja de artigos religiosos do Mercadão de Madureira oferece o modelo. Convém, antes de tudo, pedir licença a Seu Tranca em alguma encruza, para evitar problemas. Nada que uma garrafa de marafo não resolva, já que o povo de rua é chegado à fuzarca.

A outra, para as damas, é a de Luz Del Fuego. Luz era uma atriz que, nos anos 1950, morava na Ilha do Sol, na Baía de Guanabara, e gostava de andar pelada ao lado de uma jiboia de estimação. Em sua propriedade, criou o primeiro clube de nudismo do país. Envolvendo-se com a política, fundou o Partido Naturista, em defesa da ideia de que nada é mais civilizado do que tirar a roupa nos trópicos. O partido foi proibido pelo regime militar de 1964, por atentar contra os costumes.

Minhas dicas, às favas a modéstia, resolvem o jogo do carnaval em tempos de aquecimento global e matam a sete na caçapa do meio. Seu Tranca-Rua e Luz Del Fuego, posso garantir aos súditos de Momo, são ecologicamente adequados ao verão carioca.

Samba no sufoco

A Companhia de Estrada de Ferro D. Pedro II, criada em 1855, tinha em sua origem um objetivo e tanto: encher o Brasil de trilhos, integrando o território a partir do Rio de Janeiro.

O primeiro trecho da ferrovia ligou a Estação Aclamação, no Centro, a Nossa Senhora da Conceição de Marapicu (Queimados). Os trens, para chegar ao destino, percorriam as estações do Campo, Engenho Novo, Cascadura e Maxambomba (Nova Iguaçu). Pouco depois, houve a extensão dos trilhos até Belém, atual Japeri.

Desde então, a companhia ferroviária mudou mais de nome do que estelionatário. A partir da década de 1950, nos Anos JK, a duplicação da rodovia Presidente Dutra marcou o sucateamento da malha. O negócio era fazer rodovias e vender carros, trocando o piuí pelo fonfom de buzinas estridentes. O trem dançou e descarrilhou.

O sufoco da rapaziada que se despenca de trem da Baixada Fluminense até o Centro, cortando o subúrbio e vivendo a experiência de sardinha em lata, não é mole. Como, porém, é inerente ao ser humano produzir cultura para reinventar a vida, a coisa terminou em samba.

Em 1984, a Em Cima da Hora, agremiação de Cavalcante, desfilou no grupo de acesso com o enredo 33 - Destino D. Pedro II. A escola retratou o cotidiano da população que depende do trem, em uma viagem de Japeri até a Central do Brasil. Nas alas, o trabalhador suburbano, o ambulante, o trombadinha, o pingente, o conquistador e a menina de laço de fita que batuca na marmita para esquecer a tristeza. No meio do fuzuê, é claro, o trem avariado interrompe a viagem. O sufoco, embalado por um samba-enredo da dupla Guará e Jorginho das Rosas, virou arte, sem perder o caráter de denúncia das mazelas do transporte de massa.

Pouco antes, em 1982, a Caprichosos de Pilares, com um enredo de Luiz Fernando Reis, já tinha substituído a homenagem aos figurões e orixás de sempre para retratar, bem longe da natureza divinal e em um desfile arrebatador, o passeio da cabrocha Lili por uma feira carioca na hora da xepa. Em meus delírios de folião, a Lili da Caprichosos virou a menina de laço de fita do trem da Em Cima da Hora. Livre de amarras, o sambista busca na rua e nos hábitos do povo mais simples a matéria-prima para subverter o cotidiano em festa.

O carnaval, afinal de contas, é isso.

O gurufim do Blecaute

O cantor Blecaute, um dos maiores intérpretes de marchinhas e sambas de carnaval de todos os tempos, morreu no dia 9 de fevereiro de 1983. O velório foi uma fuzarca das boas. Em certo momento, um corneteiro solou, em andamento lento e tom fúnebre, o samba *General da Banda*, maior sucesso do falecido, com a solenidade exigida pela ocasião. Logo depois o da corneta se animou, atacou de *Maria Candelária*, a alta funcionária que saltou de paraquedas e caiu na letra ó, emendou com *Maria Escandalosa*, outro sucesso do cantor, e transformou o cemitério em um salão dos mais animados. À exceção do próprio Blecaute, todos os presentes, numa reação em cadeia, levantaram os dedinhos e caíram no sassarico.

O lance mais inusitado da morte do Blecaute, entretanto, não foi o fabuloso baile no cemitério. Sei do acontecido porque um amigo do meu avô testemunhou o que passo a relatar. Acontece que o enterro foi no São João Batista, e um fã mais afoito, disposto a se despedir do ídolo, encheu a cara, errou de cemitério e parou no Caju, ao lado de dois companheiros de copo. Os três, pra lá de Bagdá, chegaram ao concorrido velório de um capitão do Exército e, apostando que aquele mar de gente só podia estar ali para se despedir do Blecaute, invadiram a capela mandando no gogó: Chegou General da Banda, ê ê / Chegou General da Banda, ê a...

Para horror da família do capitão, com direito a siricoticos da esposa e crise nervosa de uma amante até então discretíssima, alguns dos presentes, mesmo não entendendo bulhufas do que ocorria, acharam que era melhor cantar também. Na hora em que os bebuns, no embalo do *General da Banda*, puxaram "Pedreiro Waldemar, que faz tanta casa e não tem casa pra morar" um familiar do morto deu o basta, foi tirar satisfações com os cachaças e o pau comeu.

Em meio a cenas de pugilato, a amante do defunto incorporou uma cigana e passou a dar consultas no cemitério, ao lado do túmulo do Barão do Rio Branco. A esposa deu uma de viúva das histórias do Nelson Rodrigues e desmaiou nos braços do coveiro. Os pinguços, quando perceberam a dimensão da encrenca, saíram em busca de alguma birosca.

A turma cantando para o defunto errado foi, no fundo, uma tremenda homenagem ao grande Blecaute. Não imagino prova de popularidade mais contundente. A família do milico, cá entre nós, não deveria ter se ofendido com o gurufim. O homem subiu de patente: viveu como capitão do Exército e virou, depois de morto, o General da Banda.

Cenas carnavalescas

Sou obrigado a confessar aos amigos que, em blocos e escolas de samba do carnaval, já fiz e vi coisas de que até os deuses duvidam e o diabo desconfia. Desfilando, o meu auge foi quando saí no Canários das Laranjeiras (meu tio era presidente da agremiação) com um estranhíssimo traje de guerreira africana. Não me peçam mais detalhes. Já desfilei também como camundongo do espaço sideral, bactéria sobrevivente do apocalipse e restos dos frangos de D. João VI. Recusei certa feita um convite para desfilar, com algodão nas narinas, dentro de um caixão de defunto, em um enredo sobre o livro *Incidente em Antares*, do Erico Verissimo.

Assistindo, jamais me esquecerei do desfile de 2007 do Boi da Ilha do Governador. O enredo sobre as telecomunicações trazia, por alguma razão que desconheço, um dragão soltando fogo pelas ventas no abre-alas. O efeito era produzido por um componente escondido dentro da bocarra do bicho, com um lança-chamas. Em certa altura do desfile, o camarada se animou e lançou fogo no buzanfan de um travesti, que vinha se exibindo à frente do dragão. A situação foi contornada após um siricotico da vítima, que desceu da alegoria ameaçando fazer um striptease, sob aplausos do público.

Em 2009, mais um momento inesquecível. A Unidos do Cabral desceu a Intendente Magalhães com um enredo sobre o combate à dengue. A comissão de frente representava a luta do povo contra o mosquito. Um dos componentes, com uma raquete elétrica daquelas que o sujeito compra no camelódromo, atacava um camarada vestido de aedes aegypti gigante.

A Unidos de Cosmos, brava agremiação da Zona Oeste, apresentou em 2012 um enredo com um título sensacional: "Yuri Gagarin volta ao Cosmos." Na homenagem ao herói soviético da Guerra Fria, a transformação da Intendente Magalhães em espaço sideral foi de deixar os efeitos especiais de Hollywood no chinelo. O samba dava "parabéns ao cosmonauta em seu ziriguidum celestial" e a escola trazia no abre-alas as gagarinetes, versão espacial das chacretes.

Esses momentos do carnaval não mereceram, enfim, os holofotes da mídia, mais interessada nas superescolas de samba e nas duvidosas celebridades dos camarotes de cervejarias da Sapucaí. Foram, todavia, inesquecíveis para este folião que vos escreve. Meninos, eu vi.

Olha o Bafo da Onça

Desde as primeiras mamadeiras e chuquinhas, seduzido pelas fanfarras do carnaval, sou Império Serrano, Emilinha Borba e Bafo da Onça. São estas as minhas preferências como súdito leal da corte do Rei Momo. O Bafo da Onça, por exemplo, definiu em larga medida a minha paixão pelo Rio de Janeiro.

O Bafo foi criado dentro de um botequim de quinta categoria (são os melhores), no bairro do Catumbi, em dezembro de 1956. Seu principal fundador, um carpinteiro chamado Sebastião Maria, costumava sair pelas ruas da região fantasiado de onça pintada.

Seu Tião Carpinteiro tinha o ritual de começar a tomar uns gorós no dia de Santos Reis, no início de janeiro, e só encerrar os trabalhos na Quarta-Feira de Cinzas. Ocorre que o homem bebia tanto, mas tanto, que acabava ficando com um hálito meio pesado, como se fizesse gargarejo com água do Faria Timbó e comesse carniça.

Foi durante um dos porres bíblicos de Sebastião Maria que um grupo de foliões, sob sua liderança, decidiu fundar um bloco. Combinou-se que todo mundo desfilaria de onça pintada. Em homenagem ao hálito consistente do Seu Tião, o nome da agremiação foi escolhido sem polêmicas: Bafo da Onça.

Uma das grandes atrações do carnaval carioca das antigas era o encontro entre os foliões do Bafo e do Cacique de Ramos. O pau quebrava de forma inapelável; onças e índios se atracavam nas ruas do Centro da cidade e o furdunço não tinha hora pra terminar. Entre mortos e feridos, todos se salvavam e faziam as pazes enchendo a moringa com a água que o passarinho não bebe.

O Bafo da minha infância era, também, sinônimo de passistas da maior categoria. O bloco sempre contava com as mulatas do Sargentelli e as gatinhas do show do Bole-Bole, do João Roberto Kelly.

Além do Sargento, do Kellynho e das passistas, faziam parte do time o compositor Oswaldo Nunes, o puxador de samba Dominguinhos do Estácio e o jornalista Alvaro Costa e Silva. Este último, desde os 6 anos de idade conhecido como Marechal, sempre se fantasiava de menino-onça, com bigodes pintados com rolha queimada. Costa e Silva costumava arrumar encrenca com os foliões mais marrentos do Cacique de Ramos, arrancando seus cocares. Em certa ocasião, Marechal colocou para correr, com passos de capoeiragem à Besouro Mangangá, um segurança do próprio Bira Presidente.

Por tudo isso é que mando essas mal traçadas, e abro uma gelada, em louvor aos fundadores do Bafo da Onça. São eles, cariocas que criaram o bloco, heróis civilizadores do Rio de Janeiro e do Brasil. É nessa onda que eu vou, Iaiá!

Misturas perigosas

A palavra coquetel deriva da expressão inglesa *cocktail*. Meu velho avô preferia traduzir na lata e chamar a mistura de destilados e fermentados por um nome mais conveniente aos botequins brasileiros: rabo de galo; já que *cock* é galo e *tail* é rabo em inglês.

Os coquetéis eram comuns na Idade Média, na época do Natal, quando se misturavam passas e frutas secas aos destilados e vinhos. Há quem afirme que se popularizaram nos Estados Unidos, durante a Lei Seca da década de 1920. Misturar era uma maneira de amenizar o gosto terrível das bebidas produzidas clandestinamente e dar um migué nas autoridades, fingindo que os birinaites eram outra coisa.

O Bode Cheiroso, botequim que frequento, faz um coquetel perigosíssimo à base de conhaque de alcatrão e ingredientes secretos. O drinque costuma derrubar as bastilhas mais vigorosas e é popularmente conhecido como chá de macaco.

Dizem que um sujeito que misturava coisas impressionantes era o compositor Ismael Silva. O bamba do Estácio fazia alquimias absolutamente inusitadas nas biroscas da Maia Lacerda; o trivial para ele era misturar conhaque, cachaça e cerveja quente e mandar pra dentro com a dignidade de um mestre-sala.

A minha experiência mais marcante no assunto aconteceu na casa de uma antiga namorada, numa véspera de Natal. Família reunida, acepipes diversos e muita birita, de todos os tipos e cores. Nesse momentoso quesito, um dos tios da moça produzia artesanalmente um licor de ovo de codorna. Fui, evidentemente, instado a experimentar a bebida.

Não podia recusar, seria uma desfeita tremenda. Na dúvida, prendi a respiração e tomei tudo numa talagada só. Não me recordo de ter bebido coisa pior. O tio, entusiasmado com a rapidez com que liquidei a fatura, concluiu que eu tinha amado o licor e foi enchendo meu copo.

Percebi, apavorado, que teria que tomar licor de ovo a noite inteira. Em desespero de causa, resolvi misturar, com a maior discrição, licor e cerveja, pra ver se atenuava o gosto. Não deu certo. Por via das dúvidas, ao partir para a terceira dose coloquei, sem que ninguém percebesse, um pouco de vinho para eliminar de vez o futum daquele troço. Fracassei. A quarta dose exigiu, além da cerveja e do vinho, conhaque de alcatrão São João da Barra e creme de cebolinha. Acreditem; finalmente ficou uma beleza.

Não obstante, não segui carreira no setor da coquetelaria e, sem pendor para grandes aventuras, prefiro ficar mesmo na cervejinha básica. O restaurante que serve farofa não liga ventilador de teto. Sei reconhecer as minhas limitações.

O meu bicho-papão

Sou dos que acham, à Nelson Rodrigues, que boa parte do caráter da pessoa se define até os 7 anos de idade. O que vem depois importa pouco. Nessa onda, acho ainda que os medos fundamentais adquiridos na infância nunca abandonam o sujeito. Explico.

Passei boa parte da infância me esbaldando no Jardim Nova Era, em Nova Iguaçu, onde minha avó tinha um terreiro que batia para orixás e encantados. Cresci tomando esporros e recebendo conselhos de caboclos e pretos velhos. Certo dia um caboclo — com cocar de metro e meio de altura adquirido no Mercadão de Madureira — perguntou-me do que é que eu tinha medo. Eu andava tendo pesadelos e minha avó achou que a entidade poderia resolver isso. Respondi na lata:

— Tenho medo do Mão Branca. Sonho que ele vai me pegar.

O caboclo me benzeu com arruda e guiné, baforou o charuto na minha cara e resolveu meus pesadelos. O temor em relação ao personagem, todavia, não me abandonou. O Mão Branca ocupou para mim o papel que o bicho-papão desempenhou para outras crianças.

Mão Branca era o verdugo da Baixada Fluminense. Jurava bandidos de morte, desovava corpos e deixava bilhetes com listas de vítimas. Eu tremia só de pensar na possibilidade de cruzar com o valentão. Perto da rua Castor, onde ficava a casa da minha avó, havia uma esquina sugestivamente conhecida como a "esquina do pecado". O que pintava de presunto na área não era mole. Coisa do Mão Branca, é claro. Passei um tempo sem coragem de ficar na rua soltando pipa até tarde, com temor de encontrar o cabra cortando alguém em pedacinhos.

Soube, tempos depois, que o Mão Branca era uma invenção de um repórter do *Ultima Hora*, que pretendia criar quizumba para pressionar as autoridades a atuar contra a criminalidade. O problema é que o personagem acabou indo além das intenções do autor, virou uma espécie de herói justiceiro da Baixada Fluminense e serviu de fachada para a atuação do esquadrão da morte. Havia mesmo quem desse ao sujeito o status de vingador do povo desamparado.

Os tempos hoje são outros. Os grandes Wilson Moreira e Nei Lopes, em um samba chamado "Sapopemba e Maxambomba", louvaram a Baixada Fluminense, contaram as histórias da sua gente, recordaram seus personagens — como Tenório Cavalcanti e o pai de santo Joãozinho da Gomeia — e avisaram aos que ainda acreditam nos justiceiros de plantão que o esquadrão fechou a tampa. Ainda bem.

De minha parte, continuo sendo aquele moleque do Jardim Nova Era. Poucas coisas me apavoram mais que os justiceiros de plantão. Deles, como do Mão Branca, quero distância.

A peleja do Seu Sete contra o General

Conheço poucos fuzuês brasileiros que se comparem ao que acontecia, na década de 1970, em Santíssimo, pertinho de Bangu. Em um galpão transformado em terreiro de umbanda, a médium Cacilda de Assis recebia Seu Sete da Lira, um exu fuzarqueiro e sedutor.

Os pontos eram tocados em ritmo de samba, ao som de tambores, pandeiros, chocalhos, cavaquinho e acordeão. Seu Sete, ao lado de 5 mil médiuns e de multidão de clientes, aparecia em grande estilo, de cartola, capa, colete, garrafa de marafo na mão e o escambau. Dava passes, cuspia cachaça em todo mundo e atendia o povão, artistas e autoridades.

O sucesso foi tanto que Seu Sete baixou, ao vivo, nos programas do Chacrinha, na TV Globo, e de Flávio Cavalcanti, na TV Tupi. O jornal *O Estado de S. Paulo* (03/09/1971) noticiou o babado da seguinte maneira: "A disputada mãe de santo Dona Cacilda de Assis transformou os estúdios da Globo e da Tupi em verdadeiros terreiros de macumba. Embora as apresentações diferissem, o espetáculo em si foi o mesmo: os umbandistas de 'Seu Sete' invadiram o palco (baianas, cantores, pessoas bem-vestidas) num tumulto indescritível."

Os leitores imaginem o furdunço: Chacrinha e Flávio Cavalcanti entrevistavam Seu Sete da Lira enquanto a curimba comia solta. Consta que câmeras, assistentes de palco e mulheres da plateia recebiam entidades e davam passes via satélite.

Resultado da brincadeira: Os homens do regime militar interferiram no babado, a Globo e a Tupi tiveram que assinar um acordo de autocensura e os militares baixaram um decreto de censura prévia aos programas ao vivo. Criou-se um órgão federal controlador da umbanda e o governo abriu uma sindicância que culminou com o fechamento do terreiro e o fim da carreira de Dona Cacilda, sob acusação de exploração da crendice popular e propaganda do charlatanismo.

Correu à boca miúda que o verdadeiro motivo da cassação do exu teria sido outro. A primeira-dama do país, Cyla Médici, teria rodado na canjira e recebido Seu Sete enquanto assistia ao programa do Chacrinha, chegando a pedir cachaça e dar consultas para os empregados da residência oficial do governo.

Acho, por tudo isso, que os estudiosos da ditadura deveriam incluir o Rei da Lira na lista dos cassados. A dupla dinâmica Seu Sete e Abelardo Chacrinha foi demais para os sizudos censores. Nem a esquerda, com seus materialismos importados da Europa, entendeu. O Brasil, todavia, desafiador em suas subversões pela festa, estava inteirinho ali.

Acordando no caixão

Não se conhece a alma de um povo sem que se conheçam suas histórias sobrenaturais. Penso de imediato no Rio de Janeiro. Houve um tempo, na década de 1970, em que o carioca passou a ter uma certeza inabalável: seríamos enterrados vivos. A histeria que marcou a cidade começou com uma versão macabra da morte de Sérgio Cardoso, um ator famoso à época.

Segundo relatos que partiram sabe-se lá de onde, Sérgio Cardoso sofria de catalepsia e fora enterrado vivinho da silva. Lembro-me de minha tia, católica praticante que entre uma missa e outra se consultava com Seu Tranca-Rua, afirmando que era a mais cristalina verdade. Dizia ela que após o enterro os funcionários do cemitério começaram a escutar gritos horrendos vindos da sepultura do ator. Acharam que era coisa de alma penada, mas os gritos duraram meses, quebrando o sossego do campo santo.

Um dia alguém levantou a lebre de que Sérgio Cardoso queria sair do caixão. O boato que tomou conta de todas as esquinas e botequins do Rio de Janeiro assegurava que coveiros, assombrados com o esporro que o defunto fazia, resolveram abrir a urna para dar uma olhadinha. O corpo estava revirado e a tampa do caixão apresentava sinais de que o defunto tinha tentado escapar de todas as maneiras. A notícia, apesar dos desmentidos oficiais, espalhou-se pela cidade.

Minha avó tinha uma vizinha, Dona Saquarema, que, diante do risco de ser sepultada viva, resolveu colocar em testamento a exigência de só ser enterrada 72 horas depois de bater as botas; tempo julgado suficiente para o falecimento se confirmar ou não. Os mais radicais preferiam velórios de uma semana. Alguns mais ousados cogitaram levar radinhos transmissores nos caixões. Em caso de acordar vestindo o pijama de madeira, bastava fazer a ligação:

— Câmbio. Fui enterrado vivo no Catumbi. Câmbio...

O morto que acordou no caixão vinha, desta maneira, se escalar no time de outras tantas assombrações: a loura de algodões nas narinas que atacava crianças em banheiros de colégios; a bruxa do Arco do Teles; a mulher de branco que pedia carona na porta do cemitério; o trem que saía de Santa Cruz levando mortos até a Central do Brasil; o menino degolado por linha de pipa com cerol que aparecia sem cabeça querendo brincar; o fantasma cientista do castelo da Fiocruz; a soprano morta que cantava nas madrugadas no Theatro Municipal e muito mais.

De minha parte, lanço a ideia: acho que todo defunto deveria ser enterrado com um telefone celular. O problema é achar sinal dentro da tumba.

Incrível, fantástico, extraordinário

Foi em 1947 que Henrique Foreis Domingues, o Almirante, um gigante do rádio brasileiro e pesquisador fundamental da nossa música, iniciou a série de programas radiofônicos de maior sucesso da história do rádio tupiniquim. O título do babado já era de assustar até o mais cético dos homens: *Incrível! Fantástico! Extraordinário!*

Durante onze anos, Almirante apavorou, pelas ondas da rádio Tupi, milhões de brasileiros com relatos sobrenaturais enviados por ouvintes do país inteiro. Como anunciava o comunicador, eram casos verídicos de terror e assombração. Tinha de tudo: operação espiritual, morto cumprindo ameaça, milhar sinistro no jogo do bicho, violino do além, caminhão fantasma, entrevista fúnebre, fenômenos de levitação, bloco carnavalesco com uma bateria inteira de desencarnados, agradecimento da noiva morta, urubu aziago, cachorro morto que insistia em ficar latindo perto do dono e o escambau.

O programa começava com a voz imponente de Almirante anunciando o teor da história macabra. Algumas eram tão assombrosas que causavam crises histéricas em pessoas mais impressionáveis. Há registros de ouvintes que sofriam ataques cardíacos no meio dos relatos.

Imaginem a cena da família reunida em volta do rádio na hora do programa começar. Após a vinheta, Almirante anunciava a síntese da história que seria contada:

"Alguns espíritos podem aparecer para os vivos sob a forma de animais apavorantes. Mas isso não é regra, e a prova está no relato que segue."

"Alguns médicos continuam a exercer sua profissão mesmo depois de mortos."

"O que você faria se alguém lhe pedisse carona na porta de um cemitério?"

"Na capelinha abandonada, todas as velas estavam acesas e uma missa estava sendo rezada."

"Depois de fazer um pedido ao escoteiro, a moça de branco desapareceu, como que diluída no ar."

Nos onze anos em que o programa foi ao ar, ocorreram três casos de suicídios cometidos por ouvintes após as narrações fantasmagóricas. Crianças não dormiam mais no escuro; estudantes não iam sozinhos aos banheiros dos colégios; taxistas tinham receio de pegar passageiros em portas de cemitérios. Um presidente da República, Café Filho, confessou que tinha medo de ligar o rádio quando estava sozinho.

Os fantasmas do *Incrível! Fantástico! Extraordinário!* moldaram a imaginação dos meus avós e pais. A voz de Almirante é uma daquelas que construíram o Brasil e precisam ser lembradas. Como diria, afinal, o próprio radialista: Alguém duvida que os mortos falem?

A cidade elegante

Dia desses encontrei no 422, linha Cosme Velho - Grajaú, uma amiga do meu irmão. A moça parecia oriunda do espaço sideral: cabelos azulados, unhas verdes e roupa que lembrava a dos astronautas da antiga série de TV *Perdidos no Espaço*. Ao lado dela, um sujeito com cabeleira à Búfalo Bill, suspensório do palhaço Carequinha e calça pescando siri. Diante do meu espanto, ela sorriu e disse que eu não estava antenado com as tendências da cena fashion. Arrematou afirmando que cariocas não sabem se vestir.

Não sei que diabos é a cena fashion, mas de moda eu entendo e não vou deixar barato. Os cariocas são elegantes. Meu avô só se vestia, nos tempos em que vendia enciclopédias, com ternos de primeira. O velho tinha três exemplares: um da Ducal (crediário em parcelas fixas), um da Sua Majestade e outro da Casas José Silva. Para arrematar, camisas da São João Batista Modas, loja que eu sempre achei a ideal, por ter nome de cemitério, para vestir defuntos. O sonho do coroa era ter um terno da Hobi Club, que vestia o Agnaldo Timóteo e tinha um mote de propaganda fabuloso: Há décadas vestindo mitos.

Outro grande exemplo de elegância masculina foi um Zé Pilintra de uma curimba na Piedade, que usava um legítimo linho da Impecável Maré Mansa. A loja também patrocinava o programa *A Turma da Maré Mansa*, um clássico do rádio brasileiro. Como do primeiro terno a gente nunca esquece, a Impecável Maré Mansa está na memória afetiva de legiões de cariocas bem-vestidos.

As mulheres preferiam a Citycol, com fabulosa linha de roupas femininas, masculinas e íntimas, e a Imperatriz das Sedas, a que tem de tudo. Em matéria de última moda para crianças, se destacavam a Silhueta Infantil, a Tuninha e O Príncipe. Esta última, com o lema "a loja que veste hoje o homem de amanhã", tinha como modelo o menino Alvinho Costa e Silva, futuro homem de imprensa.

Os que preferiam fazer a própria roupa em alfaiates de responsa tinham a opção de comprar tecidos na Khalil M. Gebara. Aproveito para registrar o pânico que eu sentia do garoto-propaganda, com memorável bigode e cabelos mais negros que as asas da graúna (davam pinta de tingidos com os tabletes Santo Antônio), que berrava apoplético o slogan "ninguém, ninguém segura o Khalil". O cidadão parecia querer saltar das telas dos televisores para agarrar as pessoas e levar ao magazine mais próximo.

O Rio de Janeiro sempre foi, enfim, uma espécie de Milão tropical; elegante até não poder mais. E de moda, que me perdoe a moça do espaço sideral, eu entendo e este arrazoado prova.

Medicinas

Sou um sujeito cheio de manias e premonições em relação ao Rio de Janeiro e seus personagens. Dia desses, ao pedir limonada em uma lanchonete do Largo do Machado, fui assombrado pela recordação da morte do médico Clarimundo de Melo, que no início do século passado tinha consultório na Farmácia Portela, perto da atual estação de trens de Quintino. Larguei a limonada de lado.

É que o doutor morreu por engano, em 1909, ao beber ácido achando que ingeria uma limonada contra prisão de ventre. Bastou um gole do líquido maldito para o médico cair durinho e virar nome de rua. A Clarimundo de Melo, uma espécie de Champs-Élysées suburbana com mais borogodó, e importante ligação entre os bairros do Encantado e Quintino. Exatamente por isso, ao ver a limonada à minha frente, tive a certeza súbita de que cairia inapelavelmente fulminado por uma dose cavalar de ácido.

A popularidade do Doutor Clarimundo de Melo, à época em que viveu, só não era maior que a do Doutor João da Gama Filgueiras Lima, médico do Engenho de Dentro e um dos principais divulgadores do kardecismo e da homeopatia no Brasil. Durante a epidemia da "gripe espanhola", em 1918, Filgueiras Lima publicou, no jornal *A Noite*, receitas contra os sintomas da doença para aqueles que não tinham como obter tratamento.

O Doutor Filgueiras morreu em 1922, mas continuou clinicando por caridade, ao baixar em centros kardecistas do subúrbio e receitar remédios homeopáticos contra todos os males. Virou nome de rua, no Riachuelo.

O médico mais famoso da história do Rio foi, todavia, Nero, o Imperador de Roma, que baixava em Cavalcante, na década de 1950, incorporado no médium Lourival de Freitas. Segundo o próprio espírito, Nero dava consultas médicas para purgar os pecados que cometeu quando mandou incendiar Roma e abrir a barriga da própria mãe. Meu avô chegou a se consultar com o Imperador, que receitou banho de querosene para tratar uma erisipela. O velho preferiu, em se tratando de Nero e querosene, não arriscar e pulou fora, antes que o espírito pegasse os fósforos.

Louvemos ainda as rezadeiras dos subúrbios e da Baixada Fluminense, que curavam espinhela caída, ventre virado, nervo torcido e todos os tipos de quebranto, com suas Salve-Rainhas e seus galhos de arruda, vassourinha e espada-de-são-jorge. E as pretas velhas de umbanda? A uma delas devo a cura de um calombo que tinha na cabeça, herança do parto com fórceps, que me fez ser apelidado, ainda nas mamadeiras, de menino ovo.

Meus respeitos, por tudo isso, aos médicos do povo!

O mundo acabou em Deodoro

Nunca houve na história do Rio de Janeiro madrugada mais maluca que a de 2 de agosto de 1958, quando a cidade ainda vivia o clima de euforia gerado pela conquista da Copa do Mundo disputada pouco antes na Suécia. Nas primeiras horas do dia, o carioca deixou de sonhar com as diabruras de Didi, Garrincha e Pelé e acordou apavorado com as explosões ocorridas no Depósito Central de Armamento e Munição do Exército, em Deodoro.

Para que os amigos tenham ideia do tamanho do estrago, o complexo de Deodoro, o maior da América Latina, era formado por dez paióis e 60 depósitos de armamento bélico, com uma quantidade de armas e munições suficientes para mandar o Rio de Janeiro pelos ares. Foi quase isso que ocorreu.

Aconteceu de tudo no que parecia ser o fim do mundo ao vivo e em cores. O depósito de petardos explodiu, milhares de granadas foram lançadas ao ar, um incêndio matou os animais da Granja do Exército e balas de fuzil triscaram os céus cariocas durante algumas horas. Os apavorados moradores da região abandonaram suas casas às pressas, bairros vizinhos viraram réplicas de vilarejos bombardeados por artilharia pesada e o barulho das explosões foi ouvido até mesmo em áreas da Zona Sul.

O sinistro foi tão espantoso que prédios chegaram a rachar em Vila Isabel, no Grajaú e na Tijuca. Sepulturas foram arrasadas no cemitério de Inhaúma e restos mortais dos defuntos apareceram boiando na praia de Ramos. Senhoras e senhoritas desmaiavam (há quem afirme que aquela madrugada concentrou o maior número de chiliques femininos simultâneos da história contemporânea) e até os mais valentes machões suburbanos, daqueles que palitavam os dentes com punhal, tiveram seus tremeliques. Mortes por ataques cardíacos foram registradas em meio a crises nervosas.

Um amigo do meu avô, que à época morava no conjunto residencial da Fundação da Casa Popular e fora pracinha na Segunda Guerra Mundial, garantiu que perto do que aconteceu no paiol de Deodoro a maioria das batalhas do confronto entre nazistas e aliados tinha a dramaticidade juvenil de um passeio de pedalinho em Paquetá. Passou o resto da vida pronunciando a mesma frase:

— Deodoro dá de dez em Stalingrado; talvez se compare a Hiroshima e ao Dia D.

Entre mortos e feridos, enfim, salvaram-se quase todos, exceto os bichos da granja e os cardíacos que foram para o beleléu. A explosão do paiol de Deodoro, inesquecível para qualquer carioca que testemunhou aquela madrugada distante, permanece como o evento mais barulhento de uma cidade naturalmente explosiva.

Salvem as brincadeiras de rua

O crescimento das cidades e o avanço da urbanização, com as decorrências desse processo, alteraram profundamente as maneiras como as crianças se divertem. A falta do espaço público para as brincadeiras infantis redefiniu com rapidez as maneiras de a molecada interagir, fabular, pular, dançar, correr e inventar o mundo.

 Algumas brincadeiras do meu tempo de moleque sumiram do repertório de hoje. Eu adorava, por exemplo, rodar pneu. Uma criança era colocada dentro de uma roda de pneu grande, sem a câmara de ar; outra fazia a roda girar por uma vasta extensão. A sensação de desconforto causada pela posição do corpo em face ao movimento da roda (vez por outra alguém passava mal ou se esborrachava) era descontada pela excitação que o movimento arriscado gerava. Rodar pneu era adrenalina pura.

 Pular carniça era outra estripulia que dependia de espaço, a começar pela corrida de média distância que definia quem seria o mestre e quem seria a vítima (o "carniça") da ocasião. O carniça comia o pão que o diabo amassou. Ao comando de "simples, que a carniça é nova", o pobre passaria a ser alvo das brincadeiras mais destrambelhadas. Dos vários comandos do jogo — gavião, tapar o fogareiro da velha, Corcovado sem cabeça, ver se na bica tem água, cartinha para a namorada, cemitério pegou fogo — inúmeros dependiam de um descampado para que a molecada se esbaldasse.

 Afora essas, brincava também de chicotinho-queimado, bandeirinha, cabra-cega, finco, garrafão, dono da rua e uma quantidade impressionante de piques. Todas as atividades eram realizadas ao ar livre, em praças ou ruas com pouco movimento de carros.

Sou dos que acham que uma brincadeira que morre é uma catástrofe ecológica. A carniça é o mico-leão-dourado dos folguedos infantis. Por cultura, afinal, entendo o conjunto das maneiras peculiares que os povos criam para comer, rezar, dançar, trabalhar, lembrar os mortos, louvar os vivos, festejar, lamentar e brincar. É por isso que insisto em falar de brincadeiras e da história dos folguedos de rua.

Fico impressionado com a quantidade de crianças de hoje que mais parecem pequenos adultos; cheias de compromissos, horas marcadas, cursos, responsabilidades, pesos, dramas, estresses e ansiedades. Por isso bato nessa tecla.

Sou (para usar a expressão em voga) um ativista das brincadeiras, um ecologista dos folguedos. Um mundo em que os adultos perderam a capacidade de brincar é doente. Um mundo em que as crianças perderam a possibilidade de folgar na rua me parece infinitamente pior.

A alma da Tijuca

Pertinho das águas caudalosas do Trapicheiro, na encruza da São Francisco Xavier com o ponto em que a Conde de Bonfim vira Haddock Lobo, estende-se o Largo da Segunda-Feira, um dos centros de referência da Tijuca.

Naquele ponto, em 1762, existia um canavial, herança dos tempos em que os jesuítas ocuparam o pedaço, cortado por um riachinho sobre o qual havia uma ponte. Em certa segunda-feira, ao lado da ponte, mataram um sujeito (coisa de traição à sorrelfa), jogaram a cabeça do presunto nas águas e enterraram o corpo no local. Uma cruz foi erguida para encomendar o defunto (foi retirada em 1880) e reza a tradição que o larguinho passou a ser chamado pelo dia do crime: da Segunda-Feira.

Considero o Largo da Segunda-Feira um ponto ideal para feitiços e mandingas de todos os tipos: encruzilhada, assassinato, defunto enterrado, cabeça jogada no arroio. É tiro e queda, como diria minha avó.

Há quem afirme que o defunto em questão vaga pela Tijuca com a maior desfaçatez, ignorando a morte e se comportando como se estivesse vivinho da silva. Come sambiquira no bar do Joel e cabrito no Chico; escolhe sapatos no Figueiredo, o Rei das Chinelas; saboreia ostras no Britânia; bebe chá de macaco no Bode Cheiroso; traça sardinhas na Casa da Vila da Feira e Terras de Santa Maria; dança o vira na Casa dos Açores. Quando quer fazer umas saliências com defuntas frescas, o egum do Largo da Segunda-Feira sassarica no Hotel Bariloche.

A assombração tijucana é nostálgica. Tem saudades do mercadinho Berengo, do Bonde 66, da saideira no Eden; da Fábrica das Chitas; dos cines Olinda, Madri, América; e das porrancas no Divino. Como sabe das coisas, o presunto adora vagar pela Caruso, a única rua art déco da cidade, cheia de fantasmas habitando seus casarões. Cansou de admirar o desfile das colegiais do Lafayette descendo a Conde de Bonfim.

Conviveu com os marinheiros, varredores de rua, vendedores de frutas, lavadeiras, domésticas e operários que ocuparam o morro do Salgueiro. Jogou ronda com Antenor Gargalhada, vigia da Fábrica de Cerveja Hanseática, foi na onda do Anescar, gostou do vozeirão do Noel Rosa de Oliveira, brincou carnaval no Flor dos Camiseiros e lustrou sapatos com o Bala. Benzeu-se nos capuchinhos e firmou ponto no gongá de Maria Romana.

É por isso que dou aos amigos uma dica preciosa. Passeie e jogue conversa fora nos botequins da Tijuca. O desconhecido que puxa o papo pode ser o fantasma do Largo da Segunda-Feira; alma perene que por amor ao chão da aldeia ignorou a morte e permanece, tijucanamente, entre nós.

Tempo de pipa

Como quase tudo de fundamental no mundo — lembrem-se de certo King Tang misturando leite e água gelada dos rios para fazer sorvetes —, a invenção da pipa foi chinesa. Há quem diga que os primeiros papagaios foram criados há mais de 3.000 anos. Eram dispositivos de sinalização militar, em suas variações e cores, estabelecendo códigos de combate. Viraram brinquedos de fabular os céus e desafiar as nuvens.

Os nomes são vários no Brasil: cafifa, pandorga, papagaio, pepeta, piposa, cangula, curica, morcego, banda de asa... Se fabricada apenas com duas varetas, suru. Se em formato de losango e sem rabiola, arraia ou raia. A baianinha é retangular; o modelo em triângulo é o pião. Jereco e catreco são aquelas mais simples, bem fuleiras, feitas no improviso. Em Portugal pipa é papagaio de papel ou estrela; na Ilha da Madeira, para rimar, é joeira. A arte de rabiscar o céu não tem fronteiras.

Para fazer o cerol, vidro moído na linha do trem. A maior humilhação, não se discute, era sofrer o aparo na hora da cruza — ou no tora, como falavam os mais velhos. Rabiola eu já vi de papel, plástico e tecido. E a cola de maisena, alguém ainda faz? Se me perguntarem sobre um bom lugar para empinar as cafifas, sou capaz de arriscar que os cemitérios são ótimos. Inhaúma em tempo de pipa — e viva as férias escolares! — vira uma festa.

Alguém sabe se a Aluap, na galeria H do Mercadão, continua vendendo a linha 10 de algodão? E a Vick Pipas? Há quem afirme que o Gerson foi o maior pipeiro do subúrbio. O Jardel fazia as melhores de Madureira. O seu Turino, na Azamor, distribuía pipas no dia de

Cosme e Damião. Em Quintino, no Lins, em Cascadura, em Realengo e na Piedade ainda se encontra quem faça pipas da maior qualidade. O Largo do Estácio, nos fins de semana, farreia o céu. O festival de pipas do Mauá, em São Gonçalo, impressiona. Tomara que nunca acabe.

Há também, é claro, o mistério. Eu vi numa umbanda em Rosa dos Ventos um erê, o Pedrinho da Mata, soltar pipa com desenvoltura impressionante. A moça que era cavalo do moleque, todavia, era incapaz de segurar uma linha para debicar.

Rogo aos santos por um dicionário das brincadeiras, para que elas não sejam esquecidas no desencantamento do mundo. Estudo por esses dias o tema com afinco, encafifado no debique da viração e desconfiado do destino fundamental das pipas. Falar delas é uma missão da qual não posso me abster. Ainda inventarei um manual sobre o tema, como registro de um tempo em que os homens olhavam o céu para fantasiar, sem relógios, a vida.

A vida nos cemitérios

Os leitores talvez estranhem a declaração, mas sou um turista de cemitérios e sempre que visito alguma cidade tento dar um jeito de conhecê-los. Acho que eles revelam muito sobre a alma (sem trocadilhos) do lugar. Só não topo campo-santo quando é para ir a enterros. Aí complica.

Ainda escreverei um guia lúdico dos cemitérios do Rio de Janeiro, como uma espécie de serviço de utilidade pública. Cemitérios, afinal, não servem apenas para enterrar os mortos. Na Idade Média europeia eram, por exemplo, locais de amplo convívio social, comércio de bugigangas, rega-bofes e folguedos variados.

Tenho as minhas preferências. Para tomar umas geladas em botecos próximos, o melhor é o Caju. Inhaúma é meu predileto para soltar pipas. Para comer fruta do pé (e terra de cemitério aduba que é uma beleza) o de Paquetá é pule de dez. Ainda dá para a criançada brincar de pique esconde e tem ao lado um bucólico cemitério de passarinhos. As mangueiras do Cemitério dos Ingleses, na Zona Portuária, impressionam.

O fim de tarde mais bonito visto de um campo-santo desperta polêmica. Há quem diga que é o da Jaqueira, em Queimados. Há quem prefira o de Saquarema; outros afirmam que o cemitério de Barra de São João, nos fundos da igrejinha de Santo Antônio, no encontro entre a praia e o rio, é insuperável para se assistir ao sol morrendo.

O do Murundu é bom para fazer curimba (o Catumbi também impera neste quesito fundamental); o da Cacuia é tão perto da quadra da União da Ilha do Governador que é capaz até de alguma assombração malandra dar o migué e cair no samba de vez em quando. O de Ilha Grande, no Abraão, é palco do "forró no cemitério", um fuzuê arretado. No de Irajá já teve até gurufim de três dias, com roda de partido-alto.

Gosto, enfim, de cemitérios em virtude do sopro de vida miúda que eles podem apresentar; meninos soltando pipas, frutas arrancadas do pé, namoros escondidos (querem lugar mais insuspeito para beijos roubados?), lendas de assombrações, silêncios cortados por pios de passarinhos, entidades dando consultas... Os mais velhos contam que a molecada do subúrbio cansava de correr entre tumbas atrás de balão. Até o *Vou vivendo*, do Pixinguinha, eu ouvi no Caju, solado por um saxofone solitário.

É por isso que visito cemitérios com o olhar atento. Não se enganem. Mais do que revelar as maneiras como determinada sociedade lida com a morte, eles dão pistas preciosas sobre os hábitos culturais dos homens na delirante aventura de inventar, cotidianamente, a vida.

Aristides, o doutor das antigas

Tenho um vizinho, o Seu Aristides, que é conhecido em toda a Grande Tijuca como um especialista em bulas antigas de remédios fortificantes, emulsões para a robustez infantil, tônicos contra-ataques dos nervos e a impotência sexual.

É parar cinco minutos conversando com o distinto para que os conhecimentos sobre essas medicinas sejam expostos: Emulsão de Scott; Óleo de Fígado de Bacalhau; Dynamogenol; Peitoral de Cambará; Nutrion; Nutrogenol; Biotônico Fontoura; Pílulas de Vida do Dr. Ross; e muito mais.

O problema é que o Aristides não confia em remédios com menos de 50 anos e vive pesquisando bulas antigas para ver se consegue produzir em casa as drogas de outras épocas. É louco também pelos slogans de propaganda dos remédios, que sabe de cor e salteado. O sujeito vira para ele e diz:

— Rhum Creosotado, Aristides.

E ele emenda, impostando a voz, com a propaganda dos tempos do bonde:

— Veja ilustre passageiro / O belo tipo faceiro / Que o senhor tem a seu lado. / E no entretanto acredite / Quase morreu de bronquite / Salvou-o o Rhum Creosotado.

O slogan de um vinho milagroso, que levantava defuntos, é um dos prediletos do Aristides: "Levanta-te e anda! Para os que estão no ocaso da vida, Vinho Caramuru do Dr. Assis." Outros fabulosos, que ele não cansa de propagar, são os do Elixir de Nogueira (Cuidado com as falsificações nojentas) e o do Castaniodo (Só burro não toma Castaniodo).

O problema é que o Aristides cismou de dar consultas e recomendar coisas que não existem mais ou são raríssimas. Dia desses tossi levemente e ele logo gritou: "Peitoral de Óleo Vermelho! Curou gerações de asmáticos." Passei com meu filho dizendo que ia visitar o zoológico e ele recomendou aos berros: "Tenho o Específico Pessoa! Leve o Específico Pessoa. É excelente contra picadas de bichos de peçonha. Vou buscar." Saí correndo antes que ele me fizesse tomar o troço preventivamente.

Aristides também é fã dos antigos remédios contra fadiga, como o Vinho Reconstituinte Silva Araújo e o Vigonal, que devolveu a potência sexual a um senhor de 104 anos. Para limpar o sangue e curar todo tipo de furúnculos, o Elixir de Inhame Goulart é tiro e queda.

Há quem diga que o Aristides endoidou. Eu garanto que o velho esbanja saúde, tem memória de elefante e lança galanteios às moças tijucanas. Ontem mesmo vaticinou com convicção:

— Meu amigo Noel Rosa morreu porque não tomou o Xarope de São Brás, que curou mais tuberculosos que o clima de Campos do Jordão.

Sei não, mas desconfio que o Aristides ainda vá enterrar muita gente.

Kichute, calce essa força

Esqueçam os tênis de grife que seduzem a garotada de hoje e custam pequenas fortunas. Sou de uma geração que na infância usava quatro tipos de calçado: Kichute, Conga azul, Bamba branco e sapatos Vulcabrás. Dentre essas opções a minha predileção era pelo Kichute velho de guerra; preto, feito de lona e com travas de borracha.

O Kichute foi lançado à época da Copa do Mundo de 1970 para surfar na onda da expectativa brasileira com a seleção que buscava o tri no México. Com o triunfo canarinho, o que era para ser um simulacro de chuteira para a garotada virou, ao longo da década de 1970, pau para toda obra. A meninada passou a usar o tênis para fazer qualquer coisa.

Eu usava o Kichute, com o cadarço entrelaçado na canela, para ir ao colégio, jogar futebol, pedalar na Monark Monareta, pular carniça, consultar o pediatra, soltar pipa, brincar de pique, buscar doce de Cosme e Damião em centro de umbanda, brincar no bicho-da-seda da Quinta da Boa Vista e o escambau. Tinha amigos que só não dormiam com o calçado em virtude da oposição aguerrida dos pais.

Ele, o tênis querido, acompanhou a experiência mais marcante da minha vida, daquelas que eu só pensava revelar ao médium de mesa branca depois de morto: calçava Kichute quando assisti à transformação de uma moça em Konga, a gorila, no Tivoli Parque, e me apaixonei de forma fulminante pela atriz que representava a mulher gorila. Meu primeiro amor.

De Kichute eu conheci o Maracanã, ao lado do meu pai e do meu avô. Descobri, naquela tarde de domingo, que o paraíso não precisava de anjos tocando harpa; bastavam as traves, os craques e a bola correndo.

O calçado era excelente também para andar de velotrol. Só não funcionava, pelo menos para mim, na hora de subir no trepa-trepa, coisa que eu fazia invariavelmente descalço por achar que as travas atrapalhavam a escalada radical.

Essas lembranças todas me levam a uma reflexão melancólica: de repente o Kichute desapareceu das sapatarias. Que diabo aconteceu?

Acho que o Kichute foi mesmo uma vítima da ditadura da moda, da cultura do efêmero e da entrada dos tênis importados no Brasil. A garotada nos dias de hoje não concebe usar um calçado com travas e amarrado na canela nem debaixo de pau.

Não tem problema; o Kichute continuará vivinho da silva nas minhas mais doces e sacanas recordações. Feito as sandálias de couro para os cangaceiros de Lampião, a chuteira de lona preta, horrenda para os padrões atuais, permanece linda na memória daquela geração de garotos, a minha, que brincava o dia inteiro nas fuzarcas da rua.

Senhoras rezadeiras

No inventário das minhas recordações de infância, um capítulo especial deve ser dedicado às mazelas da saúde, doenças estranhas e maneiras de curar que, de forma geral, desapareceram do mapa ou hoje foram relegadas ao campo das crendices populares e superstições.

Minha avó, por exemplo, alertava as mulheres grávidas sobre certo "mal de sete dias" que podia atingir os bebês. Ela garantia que, no sétimo dia de vida, era prudente deixar o recém-nascido afastado da luz e vesti-lo de vermelho para afastar qualquer tipo de malefício, sobretudo de inflamação no umbigo. A roupinha vermelha do recém-nascido era tiro e queda para preservar a saúde nos primeiros dias.

O ventre virado era outro clássico. Jogar a criança para cima era considerado (e acho que é mesmo) um negócio perigosíssimo, dentre outras coisas, porque podia virar o bucho do bebê e gerar vômitos, convulsões e outros problemas. Sabe qual era a receita das avós para curar isso? Simples: colocar a criança de cabeça para baixo para que o ventre voltasse ao lugar.

O cobreiro também não era mole. Bastavam aparecer as vermelhidões e coceiras na pele que o diagnóstico era preciso: o que causava a ziquizira (daí o nome popular) era o contato com roupas onde uma cobra ou outro bicho de peçonha pudesse ter passado.

A coisa não parava por aí. Cresci ouvindo falar de gente com espinhela caída, nervo torcido, quebranto, urina presa e furúnculos nos mais variados lugares do corpo, que deveriam ser tratados, pelo menos lá em casa era assim, com emplastos de farinha untada com óleo de mamona ou com folhas de saião. Essa era uma receita caseira das mais famosas, concorrendo com a dica de que lavar os pés com mijo de criança evitava chulé.

Registre-se que a melhor forma de afastar essas urucas era mesmo tendo uma boa rezadeira por perto. Sabedoras de rezas ancestrais, herdadas do catolicismo popular português e passadas entre gerações da família, as bondosas rezadeiras faziam verdadeiros milagres com seus galhos de arruda, vassourinha, guiné, espada-de-são-jorge e fedegoso.

Eu mesmo me curei de uns calombos na cabeça, gerados pelo parto a fórceps, com fumaça de cachimbo de preta velha e as jaculatórias benfazejas sussurradas pela minha avó Deda, que sabia dos segredos do benzimento.

Afinal de contas, como diziam as avós, Jesus Cristo, quando andou no mundo, três coisas levantou: arca, vento e espinhela caída. E, quando entrou em Roma, em romaria, foi benzendo cobra, cobreiro, cobraria.

Adepto do encantamento da vida, eu é que não duvido.

Quitandas cariocas

Sou um nostálgico declarado das velhas quitandas cariocas. Toda vez que entro em um moderno hortifruti, cheio de salamaleques e mais parecendo uma enfermaria de vegetais, sou assaltado pela saudade das quitandas de esquina, daquelas que vendiam cheiro e tomate, feito no samba do Paulo da Portela.

A expressão quitanda vem do quimbundo "kitanda" (feiras, mercados). A palavra africana passou a nomear no Brasil os estabelecimentos que vendem frutas, produtos de granja, hortaliças e similares. O mais curioso é o seguinte: apesar da origem africana do nome, as quitandas da minha nostalgia eram sempre comandadas por portugueses e não tinham fronteiras, grassavam pela cidade inteira, do Leblon a Santa Cruz.

O que mais chamava a minha atenção era a variedade impactante de produtos que as quitandas vendiam. O mestre Nei Lopes, em seu fundamental *Dicionário da hinterlândia carioca*, lembra-se das quitandas que, além dos hortifrutigranjeiros de praxe, vendiam carvão, jarros, moringas, chapéus de palha, abanos, defumadores, tamancos de madeira, cabos de ferramenta, pipas, piões, atiradeiras, bolas de gude e similares.

Minha avó Deda sempre fazia um caruru para os erês e distribuía doces de Cosme e Damião em Nova Iguaçu. A velha comprava muitas vezes as cocadas, bananadas, cocôs de rato, paçocas, suspiros e similares nas quitandas de Rosa dos Ventos. Do ovo às ervas, da alface ao alguidar para botar comida de santo, o carioca encontrava de tudo.

As caixas de madeira com os dizeres "manzanas argentinas" davam um ar internacional aos estabelecimentos. Minha tia-avó sempre achava que uma quitanda próxima à nossa casa acabaria explodindo de tanto espanta-coió que a garotada comprava lá em tempo de festas juninas. As vendas das sidras de macieira explodiam com a proximidade do Ano-Novo.

Ainda há quitandas que resistem bravamente à desumanização da cidade, expressa no desaparecimento dos açougues de rua, das tendinhas, dos clubes pequenos, dos aviários, das barbearias de esquina. Por isso, de vez em quando, vou à rua do Matoso, que ainda preserva quitandas como a Abronhense, com fervor de romeiro do padim Ciço chegando a Juazeiro do Norte.

Tenho saudades, enfim, dos tempos em que tínhamos mais padarias e menos butiques de pães; mais pés-sujos e menos botecos de grife; mais quitandas como a do Martins, portuga mal-humorado que respondia aos fregueses com a mesma ranhetice para encerrar o papo:

— Vendo de tudo. Só não tenho caixão de defunto do tamanho do freguês, mas se quiseres morrer é só falar que chega hoje mesmo.

A primeira barba a gente nunca esquece

Quando eu era um moleque saído das mamadeiras, passava uma propaganda de lâmina de barbear na televisão que me perturbava. Um sujeito aparecia em frente ao espelho do banheiro, besuntava creme no rosto e pegava a lâmina. Surgida do nada, uma loura de fechar o comércio acariciava o camarada e dizia com voz sedutora:

— Eu sou a Platina da Platinum Plus. Graças a mim você faz melhor a barba.

Era demais para os meus 9, 10 anos. Comecei a delirar com a possibilidade de encontrar a loura da Platinum Plus em frente ao espelho.

Tomei então uma daquelas decisões que transformam os meninos em homens: era a hora de fazer a primeira barba, ainda que não tivesse um mísero fio no rosto. Juntei uns caraminguás que ganhava para comprar merenda no colégio e arrematei na farmácia da esquina o meu primeiro aparelho de barbear.

Tranquei-me secretamente no banheiro, passei o creme de barbear do meu avô no rosto e, trêmulo, tive a certeza de que sentiria a presença da louraça.

Foi devastador. Passei a lâmina com a fúria de uma vara de javalis e por pouco não retalhei inteiramente minha carinha de bumbum. Apavorado diante do sangue que jorrava, pedi socorro. Minha tia e minha avó correram para ver que diabo tinha ocorrido e lá estava eu, cheio de cortes.

As duas jogaram nos ferimentos a loção após barba vagabunda do meu avô. Nunca senti algo arder tanto. Minha tia ainda deu, sem piedade, um banho de mertiolate nos cortes para evitar inflamações (quem se lembra de como ardia o mertiolate em antanho sabe o que isso significa).

O resultado é que adquiri, por causa disso, um trauma de infância. Tomei horror ao ato de fazer a barba; que desde então me parece de um primitivismo atroz. Não é coisa de gente civilizada.

Algumas pessoas identificam a perda da inocência no momento em que descobrem a inexistência do Papai Noel. Eu pouco me importei quando descobri que o bom velhinho, com suas renas e outros salamaleques, era apenas uma conversa pra boi dormir e deixar a criançada na ilusão de que a vida é boa.

O que destruiu mesmo minhas fantasias inocentes foi saber — de forma dolorosa — que a Platina da Platinum Plus era uma ilusão da propaganda machista e enganosa. Eu nunca seria acariciado no banheiro por uma mulher daquelas.

A realidade é cruel: a única aparição de loura que um menino da minha idade arriscava encontrar por milagre, naquele tempo, era mesmo a morta com algodões ensanguentados nas narinas; aquela que atacava barbaramente as crianças nos banheiros dos colégios.

Botica, bodega e biblioteca

Morei anos praticamente ao lado de dois estabelecimentos fundamentais para que o sujeito leve uma vida tranquila: uma quitanda decente, onde se encontra de tudo para emergências do lar, e um botequim de grande categoria; um pé-sujo da melhor qualidade. Refiro-me, em elação ao botequim, ao Bode Cheiroso, na rua General Canabarro, no Maracanã.

Os sabichões que manjam de etimologia garantem que a origem remota da palavra botequim está no termo grego apothéké (depósito); que originou também botica, biblioteca e bodega. Pois o bom botequim é isso tudo: um centro de difusão do saber, como as bibliotecas; um lugar onde se preparam medicamentos para o corpo e a alma, como as boticas (o Bode serve um chá de macaco que ressuscita defunto); e uma taberna onde se come e se bebe com simplicidade, sabor e sustância, como as bodegas.

O Bode está na contramão dos chamados pés-limpos; aqueles simulacros de botecos de grife que mais parecem verdadeiros McDonald's de candidatos a pinguços. A dignidade do estabelecimento já começa pelo nome. Nenhum marqueteiro, assessor de imprensa (sim, acreditem, alguns botecos de grife têm equipe de assessoria de imprensa) ou coisa que o valha, admitiria um nome desses para designar o local: Bode Cheiroso.

Registre-se que, como os botequins de boa pipa, o Bode tem um nome oficial que quase ninguém conhece: Bar Macaense.

Tocado pela mesma família há três gerações, evidentemente de origem portuguesa, o Bode não sucumbiu aos programadores visuais moderninhos, arquitetos e designers de vanguarda, que andam estraçalhando botequins com as suas obsessões pós-modernas e desejos de, como eles gostam de dizer, interferir nos ambientes. E tome de pés-limpos que mais parecem misturas de enfermarias assépticas, salas de reconhecimento de corpos do Instituto Médico-Legal e galerias de arte descoladas; daquelas em que um sujeito desavisado pode apostar que a lata de lixo é a escultura e a escultura é a lata de lixo.

Pé de pato, mangalô, três vezes. Que isso não ocorra e eu continue tendo, ao morar perto do Bode Cheiroso, o mesmo prazer que tinha de morar perto do Maracanã, antes de o estádio ser transformado em uma arena despersonalizada, como outra qualquer.

Não sou profeta e não conduzo ninguém. Quero apenas ter o direito de buscar, quando a tarde cai numa esquina da Zona Norte carioca, o meu cadinho da Canaã, a terra prometida aos homens simples de boa vontade; entre um ovo colorido, uma porção de pernil de lamber os beiços, uns tremoços da terrinha e as ampolas geladas feito bunda de foca.

O recado do mestre sapo

Não tenho como contar a história da minha infância sem falar da Coleção Disquinho, uma verdadeira febre das décadas de 1960 e 1970, dirigida pelo grande Braguinha e lançada pela Continental. Formada por compactos simples coloridos, a coleção apresentava fábulas clássicas, cantigas de roda, lendas do folclore brasileiro, histórias da Disney, festejos de São João e do Natal e coisas do gênero.

Lembro-me de que eu fazia uma conexão imediata entre os disquinhos e as balas Soft, certamente por causa das cores. Havia vinis amarelos, azuis, verdes, vermelhos, laranjas e roxos, exatamente como as balas que, segundo minha avó, matavam vinte crianças engasgadas por dia. Os disquinhos, pelo contrário, faziam apenas a alegria dos petizes.

Ainda hoje sou capaz de identificar o terrível vozeirão do Lobo Mau, assombrando a pobre da Chapeuzinho Vermelho e mandando a vovozinha para o bucho. A trilha sonora estupenda — as canções eram inéditas ou adaptadas por Braguinha e os arranjos eram de Radamés Gnattali — me levava à loucura quando os caçadores trucidavam o lobo (e tiravam a velha vivinha da silva de dentro da barriga da fera) e cantavam em triunfo: "Nós somos os caçadores / E nada nos amedronta..." Era a senha para que eu saísse correndo pela casa, vibrando.

Tinha predileção especial pela *Festa no céu*, com a música da tabuada entoada pelos sapinhos na lagoa: Quatro mais quatro, quatro mais quatro, quatro... E o mestre sapo (que se aventurou dentro da viola do urubu para não perder o fuzuê nas alturas) respondia contrariado com a besteira da conta: "Tá errado!"

Houve, há certo tempo, um relançamento de algumas histórias dos disquinhos em CDs. Faltou, todavia, o fundamental: os próprios compactos coloridos. Colocar o disquinho no prato, ouvir o chiado da agulha e sentar para escutar as fábulas era um verdadeiro ritual que integrava as famílias em torno da vitrola. Ouso delirar que os homens das cavernas reuniam-se em torno das fogueiras de forma similar, para relembrar as caçadas aos mamutes e bisões.

Sou dos que acham que a humanidade só conseguiu sobreviver até agora com um mínimo de dignidade, em meio a uma série de besteiras, porque aprendemos a contar e a ouvir histórias. Os disquinhos encantaram o meu mundo de forma definitiva. Ajudaram-me, também, a construir certo sentido do que é correto para uma boa vida, função maior da moral das fábulas.

Ainda hoje, vez por outra, quando escorrego e ouso fazer alguma bobagem, escuto a voz de barítono do mestre sapo a me alertar da burrada: "Tá errado!"

Com que fantasia?

Não dou sorte com fantasias. Na minha infância abissal, quando as mulheres da família escolhiam as roupas que a molecada lá de casa usaria nos bailes de carnaval, passei por situações vexatórias que eu só pensava revelar depois da morte, a um médium de mesa branca. Conto, todavia, aos amigos.

Lembro-me de que fui índio do Velho Oeste (mais precisamente o Pequeno Chefe Touro Sentado), Faraó Ramsés II, pirata, piolho, sheik árabe e Emerson Fittipaldi — ocasião em que fiquei entalado na privada infantil do banheiro do aristocrático Fluminense Football Club, durante o Baile do Cartolinha.

Nunca fui muito chegado aos bailes de salão, sobretudo depois desse episódio em que a privada do pó de arroz foi o cockpit da minha Lótus. Eu era um daqueles moleques bundões que ficavam durante o baile absolutamente parados, jogando confetes e serpentinas para o alto, com uma expressão corporal parecida com a de um cágado sob efeito de Rivotril.

Na adolescência colecionei retumbantes fracassos. Fantasiei-me de espinha e quase fui expulso de um baile de terceira categoria em Rio das Ostras. A fantasia consistia em pintar o rosto de vermelho e encher a boca de maionese, para simular o pus. Com gestos, pedia para alguém apertar as minhas bochechas e imediatamente cuspia a maionese. Fui denunciado por fazer porcaria no salão e acabei tomando uma dura pesada.

Em escolas de samba era a mesma coisa. Desfilei de camundongo em ala das crianças, guerreiro africano, imigrante japonês, escravo de Nabucodonosor na Babilônia, periquito de realejo e similares. O ano em que saí de pomba do Divino Espírito Santo foi decisivo e jurei nunca mais desfilar fantasiado; promessa que mantenho.

Nos últimos anos, todavia, para animar o meu filho, resolvi me fantasiar para brincar nos blocos mais discretos. Saí de Penélope Charmosa, topete de Elvis Presley e defunto. Fui relativamente bem-sucedido. No ano passado, porém, o fracasso foi total. Resolvi me fantasiar de Conde Drácula, com direito a capa, maquiagem e o escambau. Resultado: tive um princípio de insolação, quase morri de calor e minha fantasia de vampiro foi confundida com a de ministro do Supremo Tribunal Federal.

Faço esse desabafo porque chegou a hora de escolher a fantasia do próximo carnaval. Com o calor que está fazendo, acho que vou de Luz Del Fuego, a atriz brasileira que fazia espetáculos pelada. Boto uma peruca e mando ver. Meu receio apenas é que, em virtude da barriga de chope, acabem achando que estou fantasiado de Carlos Imperial em tempos de pornochanchada.

O baile

Um dia desses me pediram que falasse do meu carnaval inesquecível. Respondi que os melhores carnavais são aqueles dos quais não temos recordações, já que a essência da festa é o esquecimento. Carnaval bom é aquele do qual temos vaga, ou nenhuma, lembrança. O meu carnaval inesquecível, portanto, foi um desastre.

Refiro-me ao ano em que um amigo conseguiu convites para um baile de salão no Scala; daqueles mais decadentes, com direito a lugar na mesa. Eu disse que não iria de forma alguma, detestava esses bailes, tinha trauma de infância — desde a ocasião em que fiquei entalado numa privada vestido de Emerson Fittipaldi durante um baile infantil — e outros salamaleques. Diante, porém, da insistência do convite, cedi. Outro amigo nosso também entrou na roda.

É justo registrar que fomos de fantasias inusitadas: assadura, pomada Minâncora e Hipoglós. A Minâncora e o Hipoglós, era nosso objetivo performático, simulariam uma disputa no salão pelo privilégio de combater a assadura.

O troço foi o horror. Até o velório do meu querido avô, tempos depois, foi muito mais divertido do que aquele espetáculo tenebroso, que mais lembrava um fim de ágape nas catacumbas romanas.

O salão estava frio, e a cerveja, quente. O serviço de bufê tinha como grande atração uma cascata de camarões duros; vez por outra serviam uns peixes empanados tão velhos que mais pareciam testemunhas oculares do naufrágio do *Titanic*. A banda, por sua vez, tocava com a animação digna de coral de canto gregoriano em enterro de papa. Não ocorreu nada de especial. Nadica de nada.

O ser humano, porém, sempre nos surpreende. Acontece que na hora em que ligavam os refletores e um canal de televisão passava a transmitir flashes ao vivo do furdunço, instaurava-se uma espécie de transe coletivo. O povo fingia que uma verdadeira bacanal estava acontecendo no salão. Mulheres subiam nas mesas e rebolavam praticamente nuas, travestis davam siricoticos, machões exibiam os muques e o repórter, simulando um transe dionisíaco, gritava coisas incompreensíveis.

Uma amiga da minha tia-avó me viu ao vivo, em alta madrugada, sentado numa mesa do Scala como membro do trio "assadura, Minâncora e Hipoglós". Em cima da mesma mesa, quatro senhoras e dois transformistas rebolavam para as câmeras de TV ameaçando fazer striptease. A velha espalhou no bairro a notícia de que eu estava numa suruba multissexual.

Resultado da peleja: uns acharam que fui centroavante matador, outros desconfiaram de que fui zagueiro vazado, numa noite em que sequer toquei na bola.

O primeiro desfile de uma escola de samba

A presença dos franceses no litoral brasileiro, ao longo do período colonial, foi constante. De todos os episódios envolvendo a francesada e o Brasil, o meu predileto é a Festa Brasileira em Rouen, que reputo ter sido o primeiro desfile de uma escola de samba da história; a macumba pra turistas primordial. A coisa foi tão quente que, mais de 400 anos depois, o fuzuê virou mesmo enredo da Imperatriz Leopoldinense e do Império Serrano.

Os armadores e comerciantes de Rouen estavam de olho nas expedições ao Brasil, sobretudo, em virtude do tráfico de madeiras e aves tropicais. Para convencer o rei Henrique II e a rainha Catarina de Médici a investirem nas expedições ao litoral brasileiro, os homens de negócio organizaram uma festa monumental, no dia 1º de outubro de 1550.

Às margens do rio Sena, os franceses montaram um cenário de fazer Joãosinho Trinta parecer diretor de teatro infantil sem recursos. As árvores foram enfeitadas com frutos e flores tropicais; micos, araras, papagaios e tatus foram levados do Brasil e soltos no local. Em malocas indígenas construídas para o evento, circulavam 300 e tantos tupinambás peladões, recrutados aqui especialmente para o furdunço. Marinheiros normandos circulavam fantasiados de colonos nos trópicos. Prostitutas foram recrutadas nos lupanares locais para simular danças sensuais e namorar os nativos.

O mais impressionante é que a coisa foi coreografada. Os índios e os figurantes colhiam frutas, carregavam madeira, conversavam com papagaios, deitavam nas redes, simulavam pescarias, tocavam maracas, faziam fogueiras e o escambau. Alguns mais assanhados apalpavam as mulheres e balançavam os cacetes para a plateia assombrada.

No momento mais desvairado do teatro, a aldeia foi atacada por um grupo representando os tabajaras, inimigos dos tupinambás. O couro comeu: árvores foram derrubadas, canoas, viradas, figurantes simularam cenas de canibalismo e, no clímax absoluto, o cenário foi incendiado. Apesar de simulado, o combate foi violentíssimo e senhoras da plateia chegaram a desmaiar. A quizumba terminou com a celebração da vitória tupinambá sobre os inimigos.

Além dos reis, de nobres, dos cardeais, dos prelados e dos príncipes, estava presente no evento o capitão Nicolas Villegagnon, que pouco tempo depois lideraria a tentativa de fundar no Rio de Janeiro a colônia da França Antártica. Os monarcas se declararam entusiasmados com as emoções fortíssimas da vida nos trópicos e prometeram o auxílio do Estado às investidas no Brasil.

A rainha, que só conseguia chamar os índios de tupinambô, declarou-se particularmente impressionada com dois nativos imensos, bronzeadíssimos, pelados e musculosos. Ambos permaneceram na França empregados como serviçais (paus para toda obra) do cerimonial da soberana.

Novas infâncias

Outro dia bati um papo com um garoto de 9 anos, filho de um amigo, com fama de gênio da computação. O menino, ao mesmo tempo, conversava, ouvia música em um fone de ouvido e batia recorde em um jogo eletrônico. Intrigado com a performance, perguntei se ele sabia rodar pião de madeira. O moleque balançou a espantosa cabeleira à Búfalo Bill, deu um muxoxo e me olhou como se eu fosse um dinossauro. É claro que ele sequer concebia colocar um piãozinho em rotação.

Tentei explicar ao garoto que rodar pião é coisa antiga. Arqueólogos encontraram, às margens do rio Eufrates, na Ásia, piões de argila datados de aproximadamente 4000 anos antes de Cristo. Romanos e gregos brincavam de rodar pião na antiguidade; chineses e japoneses adoravam a brincadeira e foram os introdutores dela nas bandas do Ocidente. Os portugueses introduziram o jogo entre nós, desde os tempos das caravelas.

Outra invenção velha pra dedéu, a pipa, anda mal das pernas entre a meninada, sobretudo aquela de classe média, criada entre paredes de apartamentos que mais parecem esconderijos da Segunda Guerra Mundial. Mande um garoto viciado em computador debicar uma pandorga com linha 10 de algodão e ele vai achar que você é mais antigo que múmia de faraó.

Até o jogo de botão sofre com isso. Quando eu era moleque, fazia-se botão de tudo quanto é objeto: osso, tampa de relógio, plástico, galalite, vidrilha, coco e outros babados. Tive um amigo que surrupiou os botões do paletó do avô em pleno velório, ao perceber que o velho seria enterrado com botões excelentes para virar atacantes pequenos e habilidosos.

O botão perdeu prestígio. A onda agora são os jogos eletrônicos que reproduzem partidas de futebol. Os garotos fazem tabelinha virtual em terceira dimensão. Seduzidos pela parafernália desses trecos, abandonam as coisas mais simples, que exigem mais talento e têm maior poder de sociabilização.

Incluo neste time das brincadeiras mais sumidas que o pássaro Dodô o pique-bandeira, o passa-anel, a carniça, o lenço atrás, a cabra-cega, o garrafão, a bola de gude, o telefone feito com lata de leite condensado, o passaraio e muitas mais.

Só me resta constatar que a minha concepção de infância já foi para a roça e perdeu a carroça. Em breve inventarão um aplicativo para se rodar pião pelo celular. Já é mais fácil, afinal, achar um pinguim no verão de Bangu que um adolescente que tenha dado o primeiro beijo em uma brincadeira de pera, uva, maçã ou salada mista.

O terço e o Exu

Eu tinha uma tia querida que passava o Natal assistindo à Missa do Galo diretamente do Vaticano, estimulava os sobrinhos a fazer aulas de catecismo, sabia cantar uma música sobre o milagre de Fátima, respeitava a quaresma e rezava o terço antes de dormir. Não obstante, descobri dia desses que essa minha tia guardava um exuzinho de arame e pediu para ser enterrada com ele em uma mão e o terço na outra.

Confesso que adoro essa mistureba brasileira. Sei, por exemplo, que a rainha Carlota Joaquina virou pombagira de quimbanda e anda baixando em um terreiro em Fazenda Botafogo. O marido dela, Dom João VI, de vez em quando baixa em terreiros de encantaria no Maranhão, ao lado de Luís XIV, o rei francês.

Querem mais? O presidente Collor de Mello afirmou a uma revista de mulher pelada que foi D. Pedro I em outra encarnação; um boi cearense recebeu o espírito do Padre Cícero na época em que o sacerdote ainda estava vivo; e um livro sobre a Inconfidência Mineira afirma que Tomás Antônio Gonzaga voltou ao Brasil quase 100 anos depois de morto como o escritor Monteiro Lobato.

Confesso que a minha revelação predileta é a do pai de santo da Baixada Fluminense que afirmou a um jornal umbandista, em meados dos anos 1960, que Pelé e Coutinho eram as reencarnações de Marx e Engels.

Esse é o Brasil inusitado, que me espanta e fascina. O que dizer, por exemplo, da declaração que o prefeito de Porto Seguro em 1994, João Mattos de Paula, fez durante um comício em praça pública, na presença do presidente Fernando Henrique Cardoso: "Presidente Fernando

Henrique, acabo de voltar de um centro espírita, onde Pedro Álvares Cabral cumprimentou-me pelo desempenho à frente da prefeitura."

E agora, para completar, descubro que a tia querida, que tentou de qualquer forma me fazer católico, me ameaçou com o fogo dos infernos e me obrigou a ir ao cinema para ver a reedição de *Marcelino, Pão e Vinho*; guardou a vida inteira, quem sabe atrás do crucifixo, um exuzinho de arame que foi enterrado com ela.

O fato é que passei a sentir recentemente uma saudade aguda da minha tia, sobretudo em um momento em que a tolerância religiosa não grassa, no Brasil e no mundo, e o fundamentalismo ameaça a humanidade. Que o exuzinho camarada, tirando onda de arcanjo, cuide bem dela, ao lado dos seus amigos querubins e serafins do paraíso.

A patriota

Aqui jaz uma patriota que viveu pelo Brasil e amou a família. São esses os dizeres da sepultura de Dona Saquarema Marta, uma vizinha da minha avó que, segundo palavras do Manoelzinho Mota durante o enterro, "prestou relevantes serviços ao país e ao Lins de Vasconcelos, como verdadeira paladina do amor aos seus e ao auriverde pendão da nossa terra, símbolo augusto da paz, popularmente conhecido pelo povo simples e ignorante como a bandeira nacional".

Dona Saquarema despertava polêmica. Para uns era mentirosa compulsiva. Tinha fama de patriota desde menina, quando participou de uma cerimônia cívica realizada no estádio de São Januário, em comemoração ao aniversário do presidente Getúlio Vargas. Era uma das vozes do coral infantil que o maestro Villa-Lobos regeu em homenagem ao líder do Estado Novo.

Contam que quando Villa ergueu a batuta e o coro começou a entoar o Canto do Pajé, a menina foi tomada pela emoção e caiu dura no gramado. O fato gerou um efeito cascata; mais de 80 crianças perderam os sentidos em seguida. A mãe de Saquarema, Dona Joelma, e a irmã menor, Siriema, desmaiaram também nas arquibancadas. Seu Aderaldo, o pai, não estava no estádio. Era membro da Polícia Especial e, naquele momento, fazia a ronda na Praça Mauá, ao lado do padrinho de batizado de Saquarema; o amigo de farda e futuro juiz de futebol Mário Vianna.

Ao acordar, cercada de fotógrafos, Saquarema estava deitada com a cabeça no colo do presidente, que perguntou sobre a razão do desmaio. A petiz falou da emoção ao ver Vargas e a bandeira nacional.

Ameaçou novo piripaque e recebeu, como recordação, uma foto do líder com dedicatória: Para a doce Saquarema, lembrança do tio Getúlio. O desmaio foi relatado como um grande momento de amor aos valores da pátria num programa da *Hora do Brasil,* que terminou com uma frase retumbante: Sopra na alma de Saquarema Marta o vento que inspirou a Índia Bartira, Ana Néri e Joana Angélica!

Em virtude do ataque cívico, a menina ganhou presentes dos concorrentes Biotônico Fontoura, Elixir Nogueira e Emulsão Scott (para não desmaiar mais diante de fortes emoções). Recebeu ainda um convite para hastear, ao lado de Leônidas da Silva — artilheiro da Copa do Mundo de 1938 — a bandeira nacional no encerramento do concurso Bebê Hipoglós 1939, evento que mobilizou autoridades, famílias do Brasil inteiro e marcou o lançamento no país da pomada que protege a delicada pele do bebê das assaduras.

Glória maior não há.

O concurso

O Brasil vivia em 1939, durante a ditadura Vargas, uma guerra das pomadas contra assaduras que acabou se transformando em um embate cívico. Os fãs da pomada Minâncora consideravam o Hipoglós, recém-chegada da Europa, uma farsa. A Minâncora — brasileira e atuante no mercado desde 1915 — não se limitava a eliminar assaduras. Servia para acabar com espinhas, frieiras (as sinistras *tinhas* do pé), chulés e o futum nas axilas: o popular cecê.

Para angariar a simpatia do povo nessa que foi uma das primeiras batalhas entre marcas da época contemporânea, o Hipoglós promoveu o concurso para escolher um bebê que representasse os atributos do medicamento: a criança, entre zero e 2 anos, robusta, feliz e livre de assaduras. A vitoriosa teria direito a um fim de semana no Grande Hotel de Lambari, 2.500 fraldas, fornecimento da pomada até completar 5 anos de idade e seria o "bebê propaganda" da pomada em revistas e jornais.

Mais de 11 mil bebês foram inscritos no concurso, 150 foram selecionados para a final e, depois de acirrada disputa, um júri de especialistas em assaduras, políticos influentes e artistas do rádio escolheu o bebê maranhense Getúlio Vargas Ribamar de Almeida, de oito meses e impressionantes nove quilos.

A cerimônia de premiação ocorreu nos jardins do Palácio Guanabara, com a presença da banda do Corpo de Bombeiros. Getúlio Vargas fez na ocasião um de seus discursos mais famosos, propondo a conciliação entre os fãs das duas pomadas, saudando a Minâncora como orgulho nacional e a chegada da Hipoglós como um reconhecimento do mundo ao potencial de crescimento da nação. Chamou ainda os bebês de futuros trabalhadores do Brasil.

Ao final da premiação — que teve como ápice o momento em que o cantor Francisco Alves encheu de pomada a bunda do imenso bebê maranhense — o craque do futebol Leônidas da Silva e a menina Saquarema Marta (amiga da minha avó; popular após ter desmaiado no colo de Vargas durante uma cerimônia cívica) hastearam a bandeira brasileira ao som do hino nacional. Saquarema recitou ainda um versinho: "Ó mamães do Brasil, todas as vezes / Que a fralda da criança for trocada / Combatam a bactéria que há nas fezes / Aplicando Hipoglós com mãos de fada."

Décadas depois, Dona Saquarema relembrava em detalhes do concurso em qualquer evento no Lins de Vasconcelos — batizados, casamentos, churrascos, aniversários, torneios de futebol, velórios e o escambau. Há quem diga ainda hoje que tudo foi cascata da velha e que tal disputa nunca ocorreu. Quem saberá?

A cidade sequestrada

Uma das histórias mais famosas dos mais de 450 anos do Rio de Janeiro refere-se aos piratas e corsários franceses que vagavam pelas águas da Guanabara durante o período colonial; uma gente perigosíssima e disposta a tudo em troca de riquezas.

Muitos cariocas não sabem, todavia, que a cidade do Rio de Janeiro foi sequestrada pelos corsários franceses em 1711. Sim, eu me refiro ao sequestro da cidade inteira. Conto como foi.

Em 1710, sob as ordens do rei Luís XIV, o terrível lobo do mar Jean-François Duclerc desembarcou em Guaratiba e, comandando mil e poucos homens, percorreu a zona rural e atacou a cidade pela retaguarda. A ideia do corsário era promover, no mínimo, uma pilhagem monumental e assumir o controle do porto.

O francês não contava com a resistência da população, liderada por estudantes, pretos forros, vagabundos de escol, crianças, barbeiros, mercadores e voluntários de todos os tipos. A Guanabara assistiu a violentos combates de rua, com tiroteios, facadas, socos, pernadas, dentadas e similares. Após alguns dias, os franceses se renderam. O saldo final apontou mais de 300 mortos e dezenas de presos, dentre eles o próprio Duclerc.

O corsário, aliás, teve um final terrível. Foi assassinado no cativeiro por dois sujeitos embuçados, provavelmente a mando do governador Francisco de Castro Morais.

Seis meses após a morte de Duclerc, e com a justificativa de vingar o colega de rapina, outro francês atacou o Rio de Janeiro. No dia 20 de setembro de 1711, à frente de uma frota com 18 navios, 740 peças de artilharia e quase 6 mil homens, o corsário René Duguay-Trouin tomou a cidade, anunciou o sequestro de toda a população e exigiu um resgate de 610 mil cruzados, 100 caixas de açúcar e 200 bois para não destruir completamente o Rio.

O governador simplesmente fugiu, acompanhado pelas principais autoridades municipais. Coube ao povo carioca se virar para resolver a escaramuça. Após uma vaquinha épica, cada um doando o que tinha para completar o butim, o francês recebeu o resgate e voltou para a Europa. Parece que a noite anterior à partida foi um negócio sério. A francesada encheu o pote nas tabernas mais suspeitas da Guanabara e teve até pirata que se enamorou por aqui e resolveu ficar.

O governador covarde, evidentemente, foi demitido pelo governo português e ridicularizado pela cidade inteira. Recebeu o apelido de Chico Vaca e teve que escafeder-se do Rio para não apanhar dos cariocas. A população percebeu que não podia contar mesmo com os governantes — os primeiros que sumiram quando o negócio encrencou — e a vida acabou retomando seu curso.

Funcionário exemplar

Historiadores e professores de História adoram falar sobre a chegada da família real portuguesa ao Brasil, citando Dom João, Dona Maria I, Carlota Joaquina, Dom Pedro, Dom Miguel, e por aí vai. Costumam, porém, esquecer que Patrício, o boi de estimação de Dom João, também fugiu da invasão de Napoleão Bonaparte, cruzou o mar e chegou ao Brasil com a Corte, em 1808.

O boi Patrício encarou a travessia do Atlântico com a galhardia típica dos bovinos de boa cepa. Segundo relatos, mugiu pouco, comeu moderadamente e foi discreto na hora de fazer suas necessidades fisiológicas em alto-mar.

Ao desembarcar no Rio de Janeiro, Dom João revelou-se preocupado com a acomodação de seu querido Patrício. Depois de muito matutar, resolveu enviar o boi para a Real Fazenda de Santa Cruz. O mais interessante foi o seguinte: o príncipe resolveu honrar Patrício com o título de Gentil Homem do Reino e funcionário da Real Fazenda — o que daria ao vacum o direito de receber uma substancial pensão para suas despesas diárias.

O boi Patrício, dessa forma, viveu seus anos de Brasil com a maior tranquilidade, exercendo com sabedoria suas funções de funcionário na Fazenda de Santa Cruz. Elas consistiam basicamente em pastar, invadir terrenos vizinhos, meditar, dormir, acordar, fazer cocô e pastar de novo; nos conformes recomendados pela mais avançada mastozoologia dos bovídeos.

Quando explodiu, em 1820, a Revolução Liberal do Porto, e com ela os primeiros levantes a favor da Independência do Brasil, alguns liberais exaltados, do grupo político de Gonçalves Ledo, receberam a denúncia de que o boi Patrício era pensionista e funcionário público fantasma. Os exaltados, então, fizeram um estardalhaço, denunciando a mamata e exigindo a restituição dos ganhos do bovino aos cofres públicos.

No fim das contas, Dom João voltou a Portugal, o Brasil ficou independente, Patrício não se alterou com os desdobramentos do Grito do Ipiranga e viveu o resto de seus dias na então bucólica Santa Cruz. Faleceu em idade avançada, com fama de ter sido um boi de bem. Recebeu sepultura cristã. Não foi dedo-duro; nunca se pronunciou sobre as denúncias a respeito de sua condição de pensionista e não consta que tenha recebido punições.

Fragmentos do menino

Sou daqueles que acham que somos moldados pelos espantos da infância. Trago comigo aqueles impactos que o menino sentiu e reverberam hoje nas implicâncias, delírios, gostos, temores, afetos e dissabores do adulto.

Lembro-me, por exemplo, de que nos jogos de futebol eu era daqueles que acreditavam na resposta do balão. Não havia grandes jogos, com o Maraca entupido de gente, em que as torcidas não soltassem balões antes da peleja. Todo torcedor sabia que, se o balão passasse da marquise, a vitória seria certa. Se o balão lambesse antes de ganhar os céus, a má sorte estava mais que firmada. O teste do balão era infalível e causava euforia e pânico em quem estava no estádio.

Fui também um menino impressionado com a estátua do Cristo de Porto das Caixas, que sangrava e realizava prodígios fabulosos. Íamos em família, numa espécie de romaria farofeira que cruzava a Niterói - Manilha, reverenciar a imagem. As dezenas de cabeças, braços e pernas de cera, depositadas numa sala em louvor às graças alcançadas, causavam-me uma mistura de fascínio e temor. Ainda hoje a profusão dos ex-votos me espanta e a tapioca vendida numa barraquinha na entrada da igreja é insuperável.

O Cristo de Porto das Caixas convivia muito bem com as excursões que a umbanda da minha avó realizava a uma cachoeira em Japeri, perto da estação de trens onde o bando do Tião Medonho assaltou o trem pagador. Foi numa curimba na cachoeira que o caboclo Sete Flechas, com autoridade e cocar assombroso, me deu um esporro, entre baforadas de charuto, porque coloquei purgante no café de uma vizinha fofoqueira.

Fui ainda um menino apaixonado pela moça que virava a Konga, a mulher gorila do parque de diversões. Ela é ainda hoje a minha referência dramática. Nenhuma atriz causou-me mais impacto que aquela moça de maiô cheio de lantejoulas que fechava os olhos e transformava-se em macaca feroz. O bilau do menino crescia enquanto a fera urrava.

Da infância trago, portanto, esse mosaico dos alumbramentos que me acompanham: o tibum na piscina Tone; a consistência do Calcigenol; o medo de encontrar o sujeito da propaganda gritando que ninguém segura o Kalil M. Gebara; a palma da mão cortada pela linha com cerol; o gol de bicicleta na pelada; o primeiro desfile de escola de samba; o primeiro baião que escutei na voz de Luiz Gonzaga; a epifania com um LP do Cartola.

A mesma infância, enfim, que ainda me faz buscar nos céus um balão japonês que vá além das marquises, anunciando as novidades da sorte em um Maracanã que já não há.

Buenos Aires em Fazenda da Bica

Carlota Joaquina, mulher de Dom João VI, detestava o Brasil. Quando abandonou nossas bandas e voltou à Europa, disse os maiores impropérios. Contam que, como uma espécie de último ato nos trópicos, bateu os sapatos para "não levar a terra desse maldito e desgraçado Brasil".

Vejam as amizades que ironia: Soube dia desses que Carlota virou pombagira e anda baixando numa quimbanda em Queimados. Escolheu como cavalo a médium mais novinha da casa e chega tocando quizumba no terreiro. Dizem que dá consultas em espanhol e é especialista em mandingas de amarração.

Não me surpreende que a rainha espanhola tenha parado numa quimbanda na Baixada Fluminense. Como posso me surpreender se, quando era adolescente, vi Carlos Gardel baixar em uma manicure que trabalhava como médium de incorporação em um centro espírita na Fazenda da Bica, entre Quintino e Cascadura. Gardel cantava tangos em lunfardo, a gíria falada nos lupanares do cais do porto de Buenos Aires nas primeiras décadas do século XX, acompanhado pelo espírito de um índio tupinambá que tocava um bandoneon de primeiríssima categoria.

Esses encantamentos do mundo marcam tanto o sujeito que, em 2010, visitei Buenos Aires, cheio de expectativas. Fiz um pequeno circuito de casas de tango, tomei uns gorós no Caminito; lá conversei com um garçom, velho torcedor do Boca, que me explicou como a inversão da ordem das sílabas está presente no lunfardo (e hoje só me recordo que "mujer" é "jermu").

Adorei as pequenas livrarias, detestei a assepsia de Puerto Madero e dos seus restaurantes cheios de pompa. Flanei pela Corrientes em busca das empanadas da Pizzaria Guerrin e visitei cemitérios. Gostei de quase tudo na cidade.

O lugar onde me senti melhor ficava fora do circuito turístico: uma taberna decadente em San Telmo, que apresentava um coroa cantando uns tangos antigos, saídos dos puteiros que deram alma ao gênero. Lá me lembrei imediatamente do Gardel que baixava no subúrbio carioca e mandava ver no "lunfa", acompanhado pelo caboclo do bandoneon. Buenos Aires em Fazenda da Bica. Fazenda da Bica em Buenos Aires, como queiram.

Foram, sem qualquer dúvida, as duas experiências mais impactantes que tive com o tango: o terreiro e a taberna. Daquelas que me fazem ao menos desconfiar do sentido da frase do Borges sobre o gênero no *Evaristo Carriego*: "*Antes era una orgiástica diablura; hoy és una manera de caminar.*"

Perdoem-me a citação final em castelhano. É que já estou me aquecendo na beira do campo para bater um papo com a espanhola Carlota Joaquina num terreiro da Baixada.

A última morada

Tenho atributos de liderança. O problema é que manifesto esse talento apenas em assuntos fúnebres. Sou craque na gestão de velórios e enterros. De resto sou incapaz até de organizar piquenique.

Quando minha avó foi oló, escolhi o caixão. O corretor funerário apresentou-me algumas opções em um book de fotos [a expressão foi dele] com urnas de todos os jeitos e nomes incríveis: Copacabana, Leblon, Ipanema, Leme, Guarujá. Na hora tive um breve momento de confusão mental e achei que o sujeito quisesse enterrar minha avó dentro de uma piscina Tone, a alegria da garotada. Desfeito o engano, fui em frente.

Inicialmente me foi oferecida a urna Leblon. O caixão só faltava ter sonoplastia com diálogos das novelas do Manoel Carlos e custava mais que o meu apartamento. Gourmetizaram a morte.

Diante do risco de minha avó ressuscitar para me dar esporro se eu comprasse um caixão com aquele preço, fui negociando até chegar aos municípios da Baixada Fluminense. Encontrei uma urna dentro das possibilidades financeiras da família.

Dia desses soube que funerárias oferecem agora um tal de modelo Búzios de caixão. A propaganda fala o seguinte: design arrojado, revestimento em madeiras nobres do Brasil, mármore romano, interior acolchoado, som ambiente e refrigeração interna. Imagino que o som e o ar condicionado sejam importantíssimos para o futuro feliz do defunto. É, enfim, um caixão personalizado. Sai pela bagatela de 250 mil reais.

Impressionado com o caixão Búzios, fiz pesquisa de mercado e descobri que existe na Alemanha um museu de cultura sepulcral que expõe caixões personalizados do mundo inteiro. O visitante pode, inclusive, comprar o seu. Tem em forma de tudo: caçamba de lixo, peixe, girafa, garrafa de cerveja, submarino, forte apache, LP dos Beatles, nave espacial e telefone celular.

Não consegui definir o que mais me agrada — a princípio ser enterrado em um forte apache, vestido de índio dos filmes do Velho Oeste, me pareceu interessante, mas pouco brasileiro para meu perfil de consumidor. A nave espacial merece exame mais cuidadoso e a cerveja eu prefiro mesmo beber.

Adiarei a decisão por uns bons 50 anos, já que não tenho pressa em relação ao assunto e não pretendo morar em Búzios tão cedo.

Meu São João

Voltei recentemente de uns dias no Nordeste, terra da minha família materna, e reparei que as festas juninas de várias cidades da região ultimamente têm, dentre outros salamaleques, camarotes vips, para quem quer, segundo uma propaganda, curtir de forma selecionada o fuzuê. Vi também o anúncio de um São João *all inclusive* nas cercanias de Salvador.

Fiquei aperreado, como meu avô diria. Logo São João, a festa dos pequeninos, das estrelinhas de papel, dos balões cheios de alguma saudade vaga, das fogueiras ardendo em esperança e melancolia bonita. Logo São João, a festa mais entranhada de um Brasil pobre de marredeci, festejo das musas de pés-rachados e fulô nos cabelos que, entre um serpenteio e outro nas quadrilhas, balançam os braços como se fossem asas secretas de alforriar os mundos.

São João para mim sempre foi a festa de Jackson do Pandeiro, miudinho que pintava o sete feito Mané Garrincha, camisa sete, e cantava indo e voltando da linha de fundo até, subitamente, bater em gol ou mandar a redonda pro fuzuê da pequena área. Jackson era versado no gogó e em seus atalhos, como o velho Pastinha fazia ao menear o corpo retinto no jogo de Angola; feito o Zé chegando das Alagoas e baixando na guma, de terno branco, lenço de seda e o escambau. São João era a festa dele.

São João foi a festa que fez de Luiz Gonzaga o orixá do Brasil. Lua foi o país entranhado e os seus chamamentos, voz da seca e florada no pé da serra, canto ancestral e ancestral do canto, egungum brasileiro, entidade poderosa do povo de cá, totem, cerâmica marajoara, boneco de Vitalino, santo de andor e exu de rua — arrepiando no fole da sanfona que nem Seu Sete da Lira, violeiro sedutor, faria melhor.

Eu penso em São João e logo vem a saudade de João do Vale, senhor de xotes bonitos, feito o canto grande da estrela miúda que alumeia o mar — lição que, cada vez mais desconfiado de estrelas imensas, tento aprender e reproduzir nos meus afetos e ofícios.

São João é o santo do carneirinho, menino bom que reconforta em festa, na noite imensa, as solidões compartilhadas com as estrelas. Junho é o mês dele — e de Pedro e Antônio — e eu festejarei, nos anarriês imaginários, sem camarotes suntuosos, minhas saudades.

Os bares nascem numa quarta-feira

Minha vida é simples. Sou um sujeito comum, filho de mãe pernambucana e pai catarinense, criado por uma avó nascida em Alagoas, precariamente alfabetizada, e por um avô do litoral de Pernambuco com um pouco mais de estudo formal.

O Brasil em que fui criado e sempre vivi passa longe de salões empedernidos, bancos acadêmicos, bolsas de valores, altares suntuosos, restaurantes chiques e esquinas elegantes. O Brasil dos meus olhos de criança e das minhas saudades de adulto é o dos campos de futebol, mercados populares, terreiros de macumba, rodas de samba e velhos botequins frequentados pelo meu avô.

Houaiss e Villar, sabichões que organizaram dicionários, levantam a hipótese de uma remota origem grega para botequim, derivada de apothèkè, expressão que originou bodega (botequim vem diretamente daí), botica (farmácia) e biblioteca. É a definição perfeita, já que botequins de responsabilidade não são apenas lugares para petiscos, bebidas, tira-gostos e refeições. Os melhores funcionam como farmácias para o corpo e a alma e bibliotecas onde a vida pode ser lida com intensidade.

Sinto-me hoje tão distante, em tudo, de certas afetações do Rio de Janeiro, das mesuras elegantes dos sofisticados, da maneira descolada dos meninos e meninas do Rio praiano, quanto um velho geraldino se sente longe do novo Maracanã. Essa é a cidade que não me contempla.

É neste sentido que saúdo a abertura de um botequim perto da minha casa esta semana, do lado de cá do Rebouças, em uma escondida rua tijucana. Falo do Bar Madrid, uma aventura civilizatória comandada pelos primos Felipe e André. Os dois resolveram comprar um estabelecimento da rua Almirante Gavião, que tinha virado um bar moderno demais para o meu gosto, e prometem respeitar o fundamento das boas biroscas. Oxalá seja assim.

Paulo Mendes Campos, em uma crônica daquelas de arrebentar as coronárias mais sensíveis, disse (lembrando Mário de Andrade) que os bares morrem numa quarta-feira. Um bar que morre é uma biblioteca incendiada na cidade que se desencanta. O Madrid está nascendo em uma quarta-feira, quase como um afago de meio de semana na alma desalentada dos que procuram um balcão com a ânsia da terra sem males.

A minha pátria é a língua à milanesa e um gole de cerveja em um país que começa às margens do canal do Mangue e dali se estende ao norte, para aconchegar um homem com um mínimo de dignidade e silêncio no seu quinhão de mundo; aquele que lhe é pertencimento. Longa vida ao novo e velho bar.

Cinema de rua

Quem quiser conhecer uma pequena história de devastação urbana pode se aventurar a fazer uma lista dos cinemas de rua das Zonas Norte e Oeste do Rio de Janeiro que não existem mais. Dezenas de cinemas da região viraram edifícios comerciais, farmácias ou templos religiosos.

A lista é enorme e cito só alguns: Bandeirantes, Brasília, Ridan, Abolição (Abolição); Rosário e Mauá (Ramos); Ideal, Jovial, Bruni Piedade, Padre Nóbrega (Piedade); Caiçara (Bento Ribeiro); Paraíso (Bonsucesso); Hermida (Bangu); Brás de Pina (Brás de Pina); Palácio Campo Grande (Campo Grande); Monte Castelo (Cascadura); Real e Santa Alice (Engenho Novo); Irajá e Lamar (Irajá); Alfa, Coliseu, Beija-Flor e Madureira (Madureira); Bruni, Eskye, Paratodos (Méier); Baronesa (Praça Seca); Guaraci (Rocha Miranda); Roulien, Cine Todos os Santos (Todos os Santos); Vista Alegre (Vista Alegre); Realengo (Realengo); Lux (Marechal Hermes); Cisne (Freguesia); Tijuquinha, América, Carioca, Bruni, Olinda, Metro, Art-Palácio, Britânia, Eskye e Tijuca (Tijuca).

O fenômeno da morte dos cinemas de rua não é caso isolado. Daqui deste meu coreto, dano de botar a boca no trombone e falar das barbearias, quitandas, açougues, botequins, livrarias, pequenos comércios e clubes de bairro — importantes elementos de sociabilidade da cidade — que agonizam diante da profusão de butiques de carnes, livrarias megastores, hortifrutis assépticos, botecos de grife e similares.

Lembro-me do meu avô me contando da impressão que teve, quando chegou do Recife para morar no Rio, ao entrar no Cine Guaraci, na rua dos Topázios, em Rocha Miranda.

Projetado por Alcides Torres da Rocha Miranda, membro da família em cujas terras o bairro surgiu, o cinema foi inaugurado em 1954 com todas as pompas. Na época da inauguração o Guaraci foi um estouro: escadas em mármore carrara com corrimão de bronze, colunas gregas, sala de espera espelhada e mais de 1.300 lugares.

E aí me bate uma tristeza tamanha com o desencantamento da cidade: meu filho terá que se contentar com a neutralidade higiênica das salas de shoppings e suas arquiteturas uniformes. Ele apenas me ouvirá contar, como se fosse um conto da carochinha, do deslumbramento do meu avô.

Uma tarde com Elizeth e Villa

Outro dia tive uma surpresa arrebatadora. Cruzando uma rua perto de casa, num fim de tarde em que até os dejetos do rio Maracanã pareciam querer ficar de flozô, escutei sair de uma janela a voz de Elizeth Cardoso cantando o Canto do Pajé, de Villa-Lobos, com aquele chiado típico dos LPs girando nas velhas vitrolas.

Adepto que sou dessas insignificâncias que me parecem iluminar a vida, esperei terminar a faixa, tasquei a mão no celular, adiei um compromisso que tinha e sentei numa birosca para tomar uma gelada. Brindei, com direito a ovo cozido, o Brasil de Elizeth e Villa.

Não é todo dia que, em uma casa da Zona Norte do Rio de Janeiro, Elizeth canta a oração maior do nosso pai Villa-Lobos, duende das florestas do Brasil. E aí eu piro. A voz da Divina aflora a minha crença na volta do rei que se encantou, assombra o meu delírio da Aruanda ancestral e revigora o meu desejo da terra sem malês, a Yvi Maraëy dos guaranis.

Para combater esse Brasil veneno que se descortina na perda das delicadezas do mundo, só mesmo esse Brasil remédio de Villa e Elizeth, minha terra dos presépios mais precários, das bandinhas de pastoris e lapinhas do Nordeste, dos enfeites das moças dos cordões azul e encarnado, e das folias que homenageiam — entre cachaças, cafés e bolos de fubá, gentilmente servidos pelos donos da casa — os Reis do Oriente. Meu Brasil de aboios, louvores, comidas, leilões de prendas, namoros, cheiros e bordados; terra de afetos celebrados que permitem a subversão — pelo rito — da miudeza provisória da vida. Meu Brasil de pajelanças bonitas, giras de encantados, rodas formosas e canções de aconchegar as dores.

E quem estava escutando Elizeth cantando Villa em uma tarde modorrenta? Quem, no fim das contas, pingou com a luz incerta da beleza um canto da floresta na escuridão do Maracanã, rio de bostas e detritos variados que navegam no rumo da triste Guanabara? Não faço ideia. Sei apenas que ouvi, na correria da cidade, Elizeth cantando Villa-Lobos enquanto a tarde caía. Tive o mesmo espanto de vida que me embriaga quando o repique anuncia a entrada da bateria, o sax fraseia Pixinguinha e o rum vira para que Xangô relampeie o mundo.

E aí dei uma de Caymmi sem talento. Abandonei o ofício, repousei num balcão e mirei o rio imundo com um carinho calado. O Maracanã virou meu Amazonas. E pensei que todo mundo deveria ter o direito ao remanso de escutar, no flozô de uma tarde quente, Elizeth cantando Villa-Lobos numa vitrola velha ao menos uma vez na vida.

Um otário na feira

Filho e neto de nordestinos, saídos de Porto Calvo de Alagoas e do Recife, cresci frequentando a feira de São Cristóvão por causa da família. Dancei muito forró na época do furdunço ao ar livre, debaixo do viaduto, quando o falecido Bastos, a garganta de aço do Trio Forrozão, ainda dava umas canjas na madruga antes de virar uma lenda do pé de serra. Reduto nordestino no Rio, com a fina flor da culinária do agreste, do sertão e do litoral do Nordeste, a feira ainda me dá a impressão de ter de tudo: Catuaba Leão do Norte, Atalaia Jurubeba, garrafada de tiborna, farinha de mandioca, tapioca recheada, cará, dendê de qualidade, arroz de cuxá e peneira de cruzeta — que meu filho sempre quer comprar para pegar saci nos redemoinhos das matas da Tijuca; já que o pererê peralta gosta mesmo é de vadiar nos torvelinhos do vento.

Confesso que a feira anda me preocupando um pouco. A Lapa foi disneylandizada; o Maracanã é uma mistura de McDonald's, Alcatraz e Wimbledon; a CADEG virou point descolado de degustação de vinhos; tem gente que acha que o Belmonte é boteco; o mercado, que deveria ser de Exu, virou uma espécie de entidade que se acalma ou se agita mediante taxas de juros; macarrão com queijo ralado agora é massa com notas de lascas de queijo e purê virou musseline. Para piorar a sensação de tragédia, a língua tem saído de cardápios de estabelecimentos tradicionais porque ninguém mais pede. Vez por outra temo que a feira vire definitivamente uma grande macumba pra turista, como de resto boa parte da cidade. Os preços de algumas barracas parecem confirmar o meu receio.

Noves fora isso, na feira continuo me sentindo em casa, com gente de tudo quanto é canto. E é evidente que, quando tento tirar onda de cabra da peste, acabo pagando de otário. Dia desses fui lá para almoçar com a família. De cara perguntei ao garçom, devidamente vestido de cangaceiro, se a pimenta caseira era forte. O cabra respondeu, com sotaque de Nova Russas, que a bichinha era das mais fracas. Como sou chegado numa ardida, tasquei com a vontade do artilheiro que, em jejum de gols e diante do goleiro adversário, enche o pé para estufar a rede e acaba isolando a redonda pra fora do estádio. Foram quatro chopes tomados de golada até controlar o incêndio nas entranhas. Se eu contar essa para meu avô em alguma sessão de mesa espírita, o velho certamente responderá pela boca do médium com o sotaque que, com 40 anos de Rio, nunca perdeu: "Todo castigo pra burro é pouco, cabra!"

Zona Norte, um guia de afetos

Eu poderia abusar do clichê e dizer que a Zona Norte do Rio de Janeiro é um estado de espírito. Ou poderia citar Aldir Blanc, o bardo do lado de cá do Rebouças, e afirmar que ela é um estado de sítio. Prefiro, todavia, falar mesmo sobre um território de afetos, um tanto deslocado — para quem olha de fora e imagina que a cidade é apenas praia — do balneário de grandes eventos em que o Rio de Janeiro parece ter se transformado.

A Zona Norte a que me refiro, aquela que começa a dar as caras na Praça da Bandeira e em São Cristóvão, não é cenário de novela. Se fosse marcada pelo dicionário, ela começaria na Abolição e terminaria no Zumbi, na Ilha do Governador. Se a intenção aqui fosse contar, com didatismo normalmente chato, uma história oficial da Zona Norte, eu acabaria partindo de Estácio de Sá (ele mesmo, o fundador da cidade), da distribuição das sesmarias, das velhas freguesias e dos engenhos que cultivavam, desde os tempos coloniais, cana-de-açúcar, frutas e hortaliças.

Partindo dessa premissa, poderia gastar toques e laudas para dizer que em antanho saíam da Zona Norte os principais produtos que abasteciam a cidade do Rio de Janeiro, escoados pela antiga Estrada Real de Santa Cruz e pelos rios Pavuna e Meriti, através do Porto de Irajá (de saudosa memória, como diria o meu avô). Ou quem sabe falaria do loteamento das antigas freguesias e engenhos para formar os inúmeros bairros (hoje são mais de oitenta) da região.

Mas não é dessa Zona Norte de relatos oficiais e quantitativos que pretendo falar. Prefiro propor a quem lê esse arrazoado um roteiro afetuoso da minha circunstância de morador da região onde, se não nasci, me reconheci no mundo.

Eu sugiro que nosso roteiro comece pela rua do Matoso, nas encruzas entre a Praça da Bandeira, a Tijuca, o Rio Comprido e o Estácio. A rua do Matoso é, para mim, a porta de entrada para um Rio de Janeiro que raramente se encontra na Zona Sul. Preserva ainda um comércio de rua raro, na cidade desencantada onde cultura dos shoppings tomou uma proporção devastadora e onde a rua vem deixando de ser ponto de encontro e troca de afetos para se transformar apenas em rota de circulação de carros e mercadorias.

Na rua do Matoso tem botequim que não é de grife, sapataria, loja de passarinhos, relojoeiro, quitanda, casa de apostas do Jockey Club, aviário, loja de macumba, casa de enceradeiras (deve ser a última da cidade), ponto do jogo do bicho e, de quebra, um calçadão onde se pode jogar ocasionalmente um carteado que, numa maré de sorte, garantirá uns merréis ao felizardo ganhador.

Quem sair da rua do Matoso e cair para dentro da Tijuca tem que estar preparado. Há quem diga, por absoluto desconhecimento, que a Tijuca é apenas um bairro de classe média, de viés conservador e moralista. Pois eu quero dizer que a Tijuca é muito mais do que qualquer coisa que a gente suponha para enquadrá-la em um perfil.

A Tijuca, conforme escrevi certa feita em um texto em que lamentava a ausência de um cemitério na região (o que me obrigará a um desagradável deslocamento no dia do meu próprio enterro), é terra que cheira e fede. Tem futum, bafio, aroma, cecê. Por suas ruas passam pés delicados de moças de família, coturnos de generais, sapatos de couro e sandálias esculhambadas que ornamentam, em seus bares vagabundos, dedos sujos de bebuns valentes.

É a Tijuca de Salgueiros, Boréis, Formigas, Trapicheiros, normalistas, cadetes, beatas, trapaceiros, bandidos, homens de bem, vagabundos, batedores de carteira e trabalhadoras abençoadas por São Francisco Xavier, São Sebastião dos Capuchinhos, Santo Afonso e Nossa Senhora de Nazaré (ou há quem não saiba que o maior Círio de Nazaré do Rio de Janeiro é o feito pela comunidade paraense na Haddock Lobo?). É a Tijuca das casas portuguesas com certeza; várias delas representam verdadeiras joias do patrimônio arquitetônico da cidade. Experimentem só dar uma sacada no casarão da Casa da Vila de Feira e Terras de Santa Maria e confirmem o que digo.

Da rua do Matoso o visitante pode também atravessar a Praça da Bandeira, cruzar a linha do trem e chegar a São Cristóvão. Aqui sou obrigado a abrir um longo parêntese pessoal.

Moro numa área que, segundo a escritura do imóvel, é Engenho Velho. Todas as contas que recebo indicam que meu endereço é Maracanã. O meu bairro, a rigor, é um território de difícil definição de limites, entre a Tijuca, a Vila Isabel e a Praça da Bandeira (a minha rua é mais próxima do lado da praça). Eu vivo basicamente aqui; saio da região para fazer poucas coisas e acredito que a catástrofe da vida urbana revigorará o nosso sentimento de aldeia como alternativa ao caos. Ou é a aldeia ou é o hospício.

Me impressiona como é que morando aqui há tanto tempo demorei a descobrir alguns babados de São Cristóvão. Que o bairro imperial é do lado do Maracanã, todo carioca sabe. O problema é que a Radial Oeste criou entre os bairros uma espécie de barreira inibidora do fluxo de pessoas.

Recentemente comecei a frequentar mais São Cristóvão, atravessando a passarela da estação de trem (mais próxima daqui do que a passarela nova, construída para a Copa do Mundo) e caindo direto na Quinta da Boa Vista. É o óbvio ululante, mas custei a perceber que moro quase ao lado da Quinta. Desço a Morais e Silva, cruzo a estrada de ferro e estou dentro do parque.

O que eu percebo ali, diariamente, é uma cidade tremendamente viva em suas miudezas. Gente pacas caminhando, atletas de ocasião correndo, a criançada soltando pipa, os garis dando duro, ambulantes vendendo coisas na entrada do zoológico, uns guris jogando futebol e namorados se esfregando perto da estátua de Dom Pedro II. Outro dia mesmo, às 09h30 da matina, vi um sujeito na Quinta paramentado para correr e dotado de comovente barriga moldada por biricoticos. De óculos escuros, tênis cheio de borogodó, camiseta e o escambau, o homem estava sentado em uma das carrocinhas próximas aos quiosques da entrada do Jardim Zoológico comendo um cozido. Testemunhei e dou fé.

Pelas ruas de dentro de São Cristóvão, a impressão de vitalidade é a mesma. Umas biroscas de resposta pelas bandas do Colégio Brasileiro, cerveja mais em conta, pratos feitos por um preço honesto, malandro de olho em otário e muita viração para encarar a dureza da vida de marisco, entre a maré e o rochedo.

De São Cristóvão é só pegar o trem que a Zona Norte nos espera. Vale quebrar pelas bandas do Méier e ver algum fuzuê que o Leão Etíope está promovendo na Praça Agripino Grieco. Dali é só esticar ao Hotel da Loucura, na Ramiro Magalhães, no Engenho de Dentro. Se for carnaval, é só soltar os bichos no Loucura Suburbana, o bloco da turma. Se não for, o babado é quebrar para comer uma carne na brasa na Codorna do Feio. Apesar do nome, que me desculpe a codorna, é a costelinha de porco que me tira do sério no pedaço.

E que sigamos pelos trilhos de Piedade, Quintino, Cascadura, Madureira, Oswaldo Cruz, Bento Ribeiro e Deodoro. Ou então, simbora pelo ramal Belford Roxo, subir pelo Jacarezinho, Del Castilho, Pilares, Tomás Coelho, Cavalcanti, Rocha Miranda, Honório Gurgel, Barros Filho, Costa Barros e Pavuna. Tudo nos conformes. Quem quiser pode cair para as bandas da Leopoldina e pedir as bênçãos da santinha que da ermida da Penha zela pelos cariocas.

É claro que vale conhecer, nessas andanças suburbanas, os monumentos históricos que não faltam. Penso na igreja de Nossa Senhora da Apresentação; joia barroca e matriz de Irajá desde 1647. Mais antiga que ela hoje, só mesmo a igreja de Santo Antônio, de 1620. As reformas realizadas e o descaso do poder público durante décadas acabaram descaracterizando o templo, mas o altar, a pia batismal e a imagem de Nossa Senhora valem a visita.

É preciso também lembrar que o Rio de Janeiro teve uma tradição de coretos que, infelizmente, parece ter ficado para trás. O meu predileto é o de Quintino Bocaiúva, inaugurado em 1917. O acesso é fácil: fica em frente à estação ferroviária do bairro. A cerveja gelada é garantida nos bares da redondeza. Apesar de degradado pelo descaso de décadas, o bairro continua sendo o exemplo de um subúrbio que guarda, em alguns de seus cantos, os hábitos de uma cidade mais generosa.

Relevando um pouco as relíquias arquitetônicas, eu prefiro mesmo é que as amizades atentem para outras coisas. Reparem no comércio afetivo que ainda resiste, nas barbearias de rua, nas lojas que vendem pipas, nas quitandas que ainda não foram solapadas pela onda dos hortifrutis.

Se liguem nos açougues que não viraram butiques de carne; nos botequins que ainda conservam os velhos azulejos portugueses e a estátua de São Jorge devidamente iluminada. Se bobear, nessas andanças suburbanas toparemos ainda com velhas rezadeiras, sabedoras de rezas ancestrais, herdadas do catolicismo popular português e passadas entre gerações das famílias. Na encolha, elas continuam produzindo verdadeiros milagres com seus galhos de arruda, vassourinha, guiné, espada-de-são-jorge e fedegoso.

E há que se ter boa dose de otimismo. As praças da região, afinal, estão de fato ocupadas por movimentos com uma vitalidade cultural surpreendente. Saravá o Norte Comum, o Leão Etíope do Méier, o Boi de Lucas, a Roda Cultural do Méier, o Fuzuê de Aruanda, o Samba de Benfica, o Viva Honório, o Guerreiros da Guia, o Loucura Suburbana, o Cidadania Black, e tantos outros grupos que inventam cotidianamente a geringonça que move a cidade.

O Rio de Janeiro, afinal, tem uma dívida enorme com a Zona Norte: a potência criadora da Guanabara, aquela que pode tirar as flechas do peito do padroeiro, hoje pulsa vigorosamente por essas bandas.

A moça branca é amiga

O Imperador D. Pedro I gostava, de vez em quando, de esquecer os burburinhos da Corte e viajar para a Real Fazenda de Santa Cruz, onde costumava ter encontros amorosos secretos. Sobre as viagens de Sua Majestade, Brasil Gerson escreveu na *História das ruas do Rio*: "D. Pedro I e sua comitiva paravam na fonte de pedra da igreja, para que seus cavalos bebessem água, enquanto ele buscava sofregamente a magnífica pinga do vendeiro que ficava defronte, famosa desde Campinho até Campo Grande."

O imperador do Brasil era frequentador de uma tendinha na altura de Realengo, onde encostava o cotovelo no balcão, jogava conversa fora e tomava umas doses da urina-de-santo. Não duvido que jogasse purrinha com os populares. Penso no Imperador que gostava de tomar suas pingas e tento listar aqui, fascinado, os diversos sinônimos que a cachaça ganhou entre nós. Luís da Câmara Cascudo afirma que inventamos 2 mil e tantos apelidos para a branquinha. Algumas denominações espalhadas pelo Brasil são irresistíveis: quebra-goela, uca, suor de alambique, iaiá me sacode, gramática, venenosa, suor de cana torta, cobertor de pobre, amansa-corno, azulina, marafo, meu consolo, imaculada, homeopatia, Parati, jurupinga, democrática, tira-teima, baronesa, desmancha-samba, suruca, jeripinga, levanta-velho etc.

Tomada com a devida moderação, a homeopatia é uma beleza e ainda vira remédio. Minha avó garantia que cachaça com ameixa é purgativo de primeira; com folha de eucalipto é suador que baixa a febre; com catuaba é capaz de levantar o defunto.

Não sou feito Dom Pedro I, prefiro mesmo umas geladas, mas lembro-me exatamente de como passei a conhecer as artimanhas da cachaça. Eu era moleque quando o Salgueiro desfilou com o enredo *Do cauim ao efó, com moça branca, branquinha*. Na inocência do menino, achei que a moça branca citada no enredo e no samba de Geraldo Babão e Renato de Verdade era uma branquela azeda que gostava de cozinhar. Aquele samba do Salgueiro citava, ainda, vasta variação de pratos típicos da cozinha brasileira; do churrasco à buchada, passando pelo tutu, peixada, jabá com jerimum, vatapá, feijoada e quejandos.

Vivemos hoje um período em que essa culinária mais pesada anda carecendo de prestígio. Já me sugeriram inclusive virar vegano, vegetariano e coisas do tipo, para equilibrar as taxas e proteger o figueiredo. Até cogitei cair dentro da parada, mas um argumento definitivo me convenceu do contrário: essa culinária mais, digamos, saudável ainda não dá samba.

Meu telefone

Dos presentes que o meu filho ganhou até hoje, me comove especialmente o mimo dado pelo poeta Hermínio Bello de Carvalho. Por ocasião do samba de fraldas que saudou a proximidade da chegada do moleque, Hermínio me entregou um pião de madeira e várias bolas de gude. Guardo os brinquedos como relíquias que o moleque haverá de reverenciar — depois de brincar muito — um dia. Ou será que ele desprezará, solenemente, o piãozinho cheio das poesias?

Andei pensando especialmente no presente do poeta depois de ler, dia desses, que existe, mesmo em tempos de crise, forte expectativa do comércio em relação às vendas, no período de Natal, de celulares e iPads para crianças. A oferta de aplicativos para o mundo infantil já é enorme, havendo mesmo aplicativos para quem queira soltar pipas virtuais e pular amarelinha sem sair do sofá. Lendo isso me lembrei do meu primeiro telefone. Era uma simples lata vazia com um furo e um barbante que, amarrado em outra lata, permitia a comunicação entre a criançada. Na falta da lata, é bom ressaltar, qualquer pote de iogurte, daqueles de plantar feijão no algodão, servia aos propósitos dos pequenos Graham Bells descalços.

Matuto, portanto, sobre os fedelhos virtuais, enlouquecidos com seus aparelhinhos e dezenas de aplicativos, e constato o seguinte: aos 8 anos, exceções confirmam a regra, qualquer criança vinda de família com alguma condição financeira já está devidamente conectada; frequenta redes sociais, posta fotos digitais, manda mensagens pelo celular, passa o dia olhando as telas de aparelhos e o escambau. É, enfim, pingo de gente antenada com o mundo.

Na correria atual, em que milhares de pais e mães acorrentadas pela dureza do trabalho terceirizam a criação dos filhos, quem vai ensinar que a búlica consiste em um jogo de bola de gude em que são necessários três buracos equidistantes, em fileira, num chão de terra? Os pirralhos e fedelhas saberão que quem consegue lançar a bolinha direto no terceiro buraco — coisa de craque — pode sair matando as bolas dos outros?

Entendo cada vez menos desses tempos de delicadezas perdidas. Não sou propriamente um pessimista — e acredito nas reinvenções de mundo dos miudinhos e nas artimanhas dos modos de brincar das meninas e meninos. Só confesso, sem qualquer pretensão de análise mais profunda, que me bateu uma alegria quase triste quando me lembrei do meu telefone de lata. Funcionava que era uma beleza e eu me comunicava bem à beça.

O triunfo da honestidade

Gosto de andar de táxi no banco da frente, conversando com o motorista. Há algumas figuras impagáveis que trabalham na praça; gente que tem histórias da rebimboca da parafuseta para contar.

Em certa ocasião, por exemplo, fui conduzido por um coroa que viveu um perrengue dos diabos. Contou-me ele que, quando ainda estava começando na praça, ao pegar a Avenida Pasteur, na Urca, foi parado por um senhor vestido com impecável uniforme branco. O distinto pediu para ir ao hospital Souza Aguiar. Dava a pinta de ser um médico da melhor qualidade.

Quando o táxi desceu o Aterro do Flamengo, o motorista reparou que um furgão seguia o carro. Para piorar, assim que o táxi se aproximou do Monumento aos Pracinhas que combateram na Segunda Guerra Mundial, o passageiro, até então gentil e pacífico como um periquito de realejo, bateu continência e gritou: "Sentido! Avante! Repita comigo, motorista."

Acuado, o taxista foi obrigado a dirigir com uma única mão, enquanto a outra batia continência, conforme as determinações do passageiro. O sujeito continuou: "Paisano, eu vou dizer uns nomes e você, batendo sempre a continência, responde 'presente'." E danou de gritar: "Marechal Mascarenhas de Moraes; Marechal Zenóbio da Costa; Marechal Cândido Mariano Rondon; Marechal Floriano Peixoto; Marechal Deodoro da Fonseca, Marechal Hermes..."

Só aí, enquanto respondia presente e fazia o milagre de dirigir batendo continência, o taxista reparou que o furgão que seguia o carro era uma ambulância do Pinel, o hospício da Praia Vermelha. Numa manobra arriscada, ligou o alerta, diminuiu a velocidade e parou o carro no acostamento. A ambulância encostou atrás. O doido, aos berros, exigia a presença do chefe do Estado-Maior das tropas inimigas para negociar a rendição.

Passado o susto, o taxista foi comunicado da fuga espetacular que o tantã, que roubara o jaleco de um médico, executou. Na hora de entrar na ambulância, o da pá-virada, recomposto e com modos de um perfeito cavalheiro, pediu escusa e disse que o ataque frontal das colunas inimigas impediria que ele honrasse de imediato o compromisso, pagando pela corrida o preço justo. Avisou, porém, que tinha decorado a placa do veículo e faria o possível para quitar, em futuro próximo, a dívida contraída.

Três semanas depois o motorista recebeu pelo correio um envelope com o dinheiro da corrida e uns caraminguás como gorjeta. A honestidade do lelé da cuca, repito aqui as palavras do taxista, foi a prova de que o ser humano tem jeito.

Macumba, carnaval e samba

Ao me lembrar das festas de Ano-Novo da infância, confesso que a sidra de macieira Cereser e a aguardente Praianinha, com um anúncio de televisão embalado por um ponto de macumba (Vamos homenagear / Iemanjá, a Rainha do Mar...), me marcaram naquela fase, entre 4 e 10 anos de idade, em que tudo se define na vida de uma pessoa, sobretudo os fundamentos da personalidade. O dia em que, na Praia de Magé, meu avô permitiu que eu tomasse um golinho de sidra para brindar, enquanto Dona Olga recebia Iemanjá, os erês tocavam a quizumba na areia e o Manoelzinho Motta dava um migué para beber a birita dos despachos alheios, teve uma importância incomensurável na minha formação. Eu via o carnaval como uma extensão do réveillon e o réveillon como o início do carnaval.

Arrisco uma psicanálise de terceira categoria: acho que naturalizamos aquilo que conhecemos cotidianamente quando crianças. Eu cresci em uma família nordestina que gostava de macumba, carnaval e futebol, e fazia disso referências sentimentais poderosas. Sabem aquele Brasil que, para certos sabichões com nostalgia das Europas, não presta; o do samba, do tambor e da festa? Muito prazer, sou filho dele, neto de mãe de santo e sobrinho de um ex-presidente de bloco de enredo. Eu teria, neste caso, duas hipóteses: execrar essas coisas (ou ao menos algumas delas); ou vivenciá-las como componentes amorosos da minha vida. Prevaleceu a segunda.

O problema é que meu Brasil sentimental está indo para o beleléu. Setores do bonde da aleluia acham que umbanda e candomblé são do diabo e incendeiam terreiros com o olhar complacente das autoridades. Macumba só é boa quando serve para descolados fazerem moda e alternativos falarem de orixá como se fosse signo do zodíaco e terapia de autoconhecimento.

Os cartolas do futebol, em conluio com os empresários da bola e a bandidagem das empreiteiras, resolveram que estádio é arena multiuso e torcedor é cliente com poder aquisitivo.

O carnaval anda em perigo: as escolas de samba sucumbem à lógica dos grandes eventos e desfilam para um sambódromo cheio de gringos com sono. Já o carnaval de rua passa por um processo de uniformização — a antítese da folia e parte de uma tendência mais ampla de higienização social da festa — que quer incluir até a cerveja que o folião terá que tomar.

Mas não desanimo. Temos tarefas pela frente: inventar e reconstruir novos terreiros, campos e avenidas. Quem nasceu e aprendeu na fresta, afinal, sempre encontrará as brechas para bater tambor, gritar o gol e cantar um samba.

O trem fantasma

De certa maneira sempre encarei a vida como um trem fantasma de um parque de diversões mequetrefe, daqueles que frequentei de calças curtas dezenas de vezes. Na infância, contava nos dedos os dias que faltavam para o fim de semana. A ida ao parque era a atração dos sábados em que não havia gira no terreiro da minha avó ou jogo no Maraca.

As atrações eram variadas: a moça que virava Konga, a mulher gorila, os carrinhos de choque (os famosos bate-bate), o bicho-da-seda, a montanha-russa mal-conservada, a roda-gigante, a brincadeira de tiro ao pato, o labirinto e o chapéu mexicano. A traquinagem neste último era comer uma gororoba capaz de nos fazer vomitar lá de cima, durante o voo enlouquecido das cadeirinhas, de modo a causar um estrago e gerar o pânico entre os que, lá em baixo, corriam o risco de tomar um banho de porcarias conforme a sorte.

Mas era o trem fantasma que causava em mim o popular frio na barriga. Em inúmeras ocasiões, lembro-me bem, parti para o parque com a firme convicção de que não entraria no trem fantasma nem a pau. Argumentos contrários não me comoviam e conselhos de mais velhos não me acalentavam: eu não entraria no trem fantasma de forma alguma.

Bastava, porém, chegar ao parque que a coisa mudava de figura: ao trem! A criançada via o passeio, sem a presença dos pais, como uma espécie de rito iniciático; um mergulho destemido na escuridão cortada por barulhos e monstros aterrorizantes, subitamente iluminados no caminho para rasgar o breu de pânico divertido e berros agudos.

E lá ia eu; cedendo e me preparando para o pior. Sentava-me no carrinho, segurava bem e, de imediato, fechava os olhos. Eu ia o passeio todo de olhos cerrados, sem abrir nem por um decreto. Sentia o balanço do carro, ouvia os gritos e imaginava criaturas abrindo os braços e as bocarras cheias de sangue para me pegar. Bruxas voavam no teto, mas eu sempre sobrevivia.

Um dia tomei coragem, abri os olhos no escuro e senti uma das maiores decepções da minha vida. Pareceu-me que o trem fantasma era incapaz de assustar um bebê de colo. Naquele dia eu cresci. Parei de fechar os olhos para brincar no escuro e a vida de adulto se tornou desencantada.

Um dia descobri que tenho glaucoma. Desde então, pingo duas vezes por dia um colírio que me nubla a vista por um tempo. Voltei a experimentar a sensação vertiginosa dos encantamentos do breu. Uma crônica não seria suficiente para contar aos amigos das maravilhas que ando a enxergar, fatigado da chatice real do trem fantasma cotidiano, no meu flerte bonito com o escuro que imagino.

O país do menino

O Brasil parece se desmilinguir numa crise dramática. No meio do teatro de horrores, um menino me perguntou, desalentado, se alguma coisa presta por aqui e se consigo sentir algum amor pela tal pátria que sangra. E eu, pouco afeito aos hinos, bandeiras e heróis, aquilo que classicamente representaria a pátria, disse ao menino que sim, há um Brasil bonito.

Mas este meu país, menino, não tremula em mastros ou se manifesta em discursos grandiloquentes dos que dominam cinco línguas. Ele apenas é o que me arrepia, pinga de luz incerta a escuridão do mundo e vive no chão onde piso, na língua que falo e na canção que ouço.

A verdade, menino assustado, é que tenho um caso de amor pelo meu chão modesto e pela gente miúda como eu. A minha razão é internacionalista; mas meu coração balança numa redinha da terra da minha avó, nos cafundós das Alagoas. Nos meus ouvidos murmuram as jaculatórias das benzedeiras e as sassanhas das ervas maceradas de Ossain, o Katendê dos congos, senhor das Jinsaba; folhas sagradas que me banham e me acalmam.

Eu sei apenas que o encanto com os ijexás, o assombro com os transes dos caboclos e as mãos calejadas que seguram a corda do Círio de Nazaré, as mesmas mãos calejadas pelo couro do tambor que chama o povo de Aruanda, produzem em mim a sensação de pertencimento que nenhum bandido engravatado, de cabelo grotescamente tingido de acaju, há de tirar.

Meu Brasil é o naipe de agogôs da bateria do Império Serrano, o sax fraseando Pixinguinha e o baque dos tambores misteriosos. Ele vem de Morená, morada do sol e da lua, e vive no adarrum arrepiando para que Ogum dome com seu alfanje, coberto pelo mariô, o dragão da maldade. Vez por outra desconfio de que este Brasil já era. Basta, todavia, uma canção praieira de Caymmi para que se restaure em mim a crença na vida. Basta Luiz Gonzaga para que a beleza intangível do fole de Lua me reconcilie com o Espírito do Homem, aquele que parece perdido na noite que não termina.

    A minha pátria, bem distante do patriotismo tonto, que Samuel Johnson definiu como último refúgio dos canalhas, é o delírio que me conforta. É aquela que ilumina meus olhos, rega meu peito e acaricia as minhas palavras, para que eu conte as histórias que ouvi do meu avô ao meu filho, no contínuo descortinar da vida; arte maior de tremer o chão sagrado e reverenciar o mistério intuído dos ancestrais.

    A nossa pátria, menino, minha e tua, e por ela vale lutar, é Candeia chamando o Dia de Graça. Esse Brasil há de nos aconchegar nas noites mais frias.

O dia em que a Portela cantou Silas de Oliveira na Sapucaí

Impactado com o que aconteceu na Marquês de Sapucaí no carnaval de 2013, durante o esquenta da bateria da Portela, escrevi um texto sobre o acontecido; um dos momentos mais marcantes da história dos desfiles. Reproduzo o que relatei na época para explicar depois o título deste arrazoado:

> A Portela se prepara para entrar na avenida. O enredo conta a história do bairro de Madureira. A bateria vem de Zé Pelintra, o malandro seminal. A rainha dos ritmistas, Patrícia Nery, vem de Maria Padilha. As fantasias fazem referência ao Mercadão de Madureira e suas inúmeras lojas de artigos religiosos ligados ao candomblé e à umbanda.
> Desde o ensaio geral da escola, em virtude de alguns recados mandados pelo próprio malandro e pela Padilha, a bateria sabia que deveria pedir licença a Seu Zé antes de iniciar o desfile. Acontece, então, o momento único: as caixas, repiques, tamborins, surdos e agogôs param de tocar, os atabaques começam a curimba e abre-se um corredor. A rainha de bateria, Maria Padilha, inicia sua dança sensual, desprovida de pecados, sacralizadora do profano e profanadora do sagrado. Sem culpas. Os diretores de bateria sambam com a ginga sinuosa, sincopada, festeira e alforriada de Seu Zé. A bateria canta, o público canta e a madrugada canta os pontos do malandro divino, o Zé das Alagoas.
> Contemplado o malandro, a bateria retoma o ritmo do samba e a Portela se prepara para entrar na avenida. Gilsinho, o puxador do samba, vez por outra assombrará a Sapucaí com a gargalhada vital do Homem da Rua. Os tambores portelenses sustentarão o samba — e a bateria sairá consagrada pelo júri oficial e pelas premiações paralelas como a melhor dos desfiles. O malandro gostou da festa e bateu tambor pelas mãos e baquetas de cada um dos ritmistas.

Esclareço agora o título da crônica. Naquela madrugada foram cantados dois pontos de Seu Zé. O primeiro fez referência ao fato de o Pilintra ter sido catimbozeiro no Nordeste, antes de baixar no Rio na linha da malandragem: "Ô Zé, quando vem de Alagoas / Toma cuidado com o balanço da canoa / Ô Zé, faça tudo que quiser / Só não maltrate o coração dessa mulher."

O segundo foi uma curimba ponto das mais cantadas em gira de malandro: "Se a Rádio Patrulha chegasse aqui agora / Seria uma grande vitória / Ninguém poderia correr / Agora eu quero ver / Quem é malandro não pode correr..."

O que pouca gente sabe é que o segundo ponto de macumba que a Portela cantou — Rádio Patrulha — é originalmente um samba do mestre Silas de Oliveira, em parceria com Marcelino Ramos, J. Dias e Luisinho, gravado em 1956 por Heleninha Costa. Sucesso no carnaval daquele ano, o samba acabou virando curimba e foi incorporado às rodas de malandro nas umbandas e quimbandas cariocas. Coisas do tempo em que samba era macumba, macumba era samba e estamos conversados.

Vejam vocês que encruzilhada bonita: Silas de Oliveira, filho de pastor protestante, é autor de um ponto de macumba seminal. A Portela, histórica rival do Império Serrano, cantou um samba de um mestre imperiano no esquenta.

Samba e macumba são irmãos siameses que alguns insistem em separar: é com eles que a gente reinventa a vida, zomba do pecado e transforma o corpo em totem. Na ginga do malandro da Portela, no balanço dos ombros da Padilha, nos versos de Silas de Oliveira, o silêncio é preenchido e a bateria toca na cadência da curimba: eis aí nossa gargalhada zombeteira que alumia o mundo.

Dia de Santo na cidade

O dia começou cedo. Acordei às 3h40 da matina para, cumprindo uma tradição familiar que julguei ser minha tarefa retomar, participar da alvorada de São Jorge no Campo de Santana (que para mim é mais macumbada que a de Quintino, onde não vou desde que morreu o Paulinho, o Rei do Galo, que cozinhava o galo de Ogum no dia de hoje).

Descendo do ônibus, já escutei o atabaque do mesmo ogã que nos últimos dez anos monta um gongá e rompe a manhã cantando curimbas de umbanda e omolokô, as macumbas cariocas. Tinha mendigo virado na caboclada, o que já é um ótimo sinal. Encontrei amigos, me comovi com a alvorada, acendi minha vela na entrada da igreja, voltei para a curimba. Saí de lá às 7h, comprei pão e acabei de chegar em casa. A família dorme.

É certo que São Jorge, simbora embarcar no neologismo, foi "cultizado". Virou mesmo cult para uma galera. Mas mais certo que isso é perceber que São Jorge é mesmo o santo carioca, de uma turma miudinha que ainda resiste ao arrastão do bonde da aleluia, continua ritualizando a vida em altares e terreiros e não vê a menor contradição nisso. Ouvidos atentos, escutei uma senhora dizer, na fila para entrar na igreja, que está completando hoje 27 anos de santo feito. Os afeitos a essencialismos, não sou um deles, dirão que São Jorge não é Ogum e Ogum não é São Jorge. Concordo: Ogum não é São Jorge. Mas sejamos simples: para quem acha que Ogum é São Jorge, ele é. Também concordo. Jorge de Lima já dizia que a mentira pra quem não crê é milagre pra quem sofreu.

Ogum é, sejamos mais simples ainda, tudo aquilo que quer ser. Para ele fui iniciado, recebi a faca e este é certamente o orgulho da minha vida. Ogum é magma; é força que não se define nas nossas ocidentalizações que insistem em desamarrar os enigmas. Ogum fala pelo adarrum e pelo barravento, beirando a linha do trem: outras gramáticas.

Eu só sei que vendo o gongá, ouvindo a curimba e pedindo pelos meus na hora da alvorada, saí novamente convencido de que há um Rio de Janeiro que ainda pulsa nas maneiras que a nossa gente ferrada encontrou para dar sentido — pela festa, pela devoção e pelos corpos em transe — à vida.

A hermenêutica do jogo de purrinha

Entusiasta dos esportes do Brasil, sou fã e praticante amador de um jogo fundamental para nossa gente brasileira, tão sofrida e adepta do desporto como instrumento de inclusão social: a purrinha (ou porrinha), também conhecida como basquete de bolso.

A purrinha é um esporte altamente sofisticado e democrático. Os estádios ideais para a prática são os botequins mais vagabundos. Cada atleta, em geral, inicia a peleja com três palitinhos. A partida começa quando os jogadores escondem certa quantidade de palitos numa das mãos e as estendem, fechadas, para a frente. Cada jogador dá, então, o seu palpite sobre quantos palitos estão no jogo. Ganha a rodada quem acertar o número exato de palitos.

A purrinha exige dos esportistas alguns atributos fundamentais: sorte, inteligência para blefar e perceber o blefe, e preparo físico para jogar enquanto quantidades generosas de cervejas e cachaças são consumidas durante o embate. Recomenda-se um trabalho de musculação para o fortalecimento do bíceps, que sofrerá o impacto do peso dos palitos durante a refrega. O uniforme ideal para a prática do desporto é simples e consiste em bermuda, camiseta e sandália de dedo.

Pesquisas que fiz em compêndios e dicionários especializados indicam que a provável origem da purrinha é o antigo Império Romano. Os soldados de Roma costumavam praticar, nos intervalos das batalhas mais sangrentas, um jogo conhecido como morra. O negócio consistia no seguinte: os jogadores escondiam certa quantidade de dedos da mão direita às costas e diziam um número. Aquele que acertasse o número exato era o vencedor. O troço era popularíssimo e há relatos nas crônicas de Seleno de torneios realizados no Coliseu que terminaram em matanças tremendas.

Alguns especialistas defendem que o nome purrinha surgiu de uma expressão proferida por Santo Agostinho no século IV — *Porro cum quo micas in tenebris ei liberum est, si veliti, fallere*. Tradução: Com certeza, mesmo que avisado, podes enganar aquele com quem jogas morra no escuro. O latim porro, com o tempo, virou porra. A porra virou purrinha.

O Brasil transformou a velha refrega romana em coisa nossa, como o samba, a prontidão e outras bossas. Introduzimos os palitinhos de dente ou fósforo no babado e consagramos o botequim como palco da disputa. Fizemos a mesma adaptação em relação ao futebol, o jogo sem graça dos ingleses que ganhou a ginga e o balacobaco canarinho.

Dedico, por tudo isso, esse arrazoado à memória dos grandes e falecidos atletas da purrinha de todos os tempos: meu avô, Jorge Macumba, Manoelzinho Motta, Seu Vovô, Abecedário, João do Vale, Teté, Cláudio Camunguelo, Moisés Xerife, Candonga, Primo Pobre, Querido de Deus, Seu Sete Rei da Lira, Madame Satã, Camisa Preta, Julião Vem Cá Meu Puto, Wilson Batista e Almir Pernambuquinho.

Foda-se o fondue

O inverno, dentre outras coisas, traz consigo uma turma de sofisticados que acham uma beleza beber um vinhozinho, degustar um fondue, curtir uma lareira. Quando ouço esse tipo de coisa, tenho ganas de sacar a arma que não possuo e bradar feito um Caxias na Guerra do Paraguai: Foda-se o fondue!

Declarei alhures que me impressiona o verdadeiro ritual em que se transformou o simples ato de beber vinho em um restaurante. No inverno, então, o babado é forte.

O garçom serve um mísero gole e aguarda, com cara de tacho, que o cliente experimente o tinto, avalie a qualidade da safra, verifique a harmonização com o cardápio de fondues, balance a cabeça e autorize, vinte minutos depois, que a bebida seja servida.

Há também os especialistas em tecer considerações — aos berros — sobre a psicologia e os aspectos emocionais da bebida. Sim, é exatamente isso. Os vinhos são analisados com rigores freudianos. O camarada toma uma taça, faz pose de quem limpa bosta de galinha com colher de prata e arrisca uma análise das características emocionais da bebida:

— É um vinho que se mostra, ao primeiro gole, um tanto tímido. Aos poucos, porém, vai ganhando um toque de agressividade que o equipara aos melhores rascantes. Honra a tradição e tem personalidade. Harmoniza bem com fondue de carnes vermelhas.

O outro, sem perder a pose, faz cara de galã do cinema mudo e manda brasa:

— O vinho padece de um acanhamento excessivo. Poderia ser um pouco mais arrojado, sem perder a sensibilidade. Acho que harmoniza com fondue de carne de vitela ao molho de queijo de búfala desmamada marajoara.

O terceiro resolve entrar de sola:

— As características do mosto da uva atribuem um toque de excentricidade à bebida. É, todavia, um vinho corajoso. Eu diria que tem caráter. É isso; eis um vinho de caráter. Harmoniza bem com fondue de escama de peixe-espada ao molho de tâmaras flambadas no conhaque.

O quarto dá o tiro de misericórdia:

— Talvez falte certa ousadia. Mas é, sem dúvida, um vinho que tem alma e notas de madeira de demolição. Harmoniza com a minha própria personalidade. Esse vinho, esse frio, esse fondue, sou eu.

Quando ouço essas barbaridades, pergunto aos meus botões velhos de guerra: como pode uma bebida ser tímida, agressiva, acanhada, arrojada, sensível, excêntrica, corajosa, de caráter, ousada e possuir alma?

As mesmas malas de plantão estão começando a invadir o reino das cervejas. Nada contra conhecer e beber bem. O siricotico público e as divagações existenciais típicas de quem não come ninguém é que incomodam.

A acreditar nessas avaliações, qualquer bebida é um ser humano mais complexo do que eu. Não me surpreenderei se um dia souber que algum médium incorporou uma garrafa de vinho ou uma cerveja frutada do Cazaquistão em um centro de mesa branca e saiu dando consultas. É o caminho natural. Só não contem comigo para bater cabeça para as entidades.

O bode e o Marechal

O homem de imprensa Alvaro Costa e Silva, vulgo Marechal, defende curiosa tese sobre os cemitérios do Rio de Janeiro. Marechal prefere o Caju ao São João Batista, por uma questão de caráter e dignidade pessoal. A opção do meu amigo pelo Caju tem uma origem que, revelo agora, testemunhei. Aos fatos, pois.

Em certa ocasião, Costa e Silva cumpriu a dolorosa tarefa de ir ao enterro de uma figura queridíssima. Destruído pela morte do amigo, Marechal não conseguiu ficar cinco minutos no velório e foi beber umas geladas numa birosca em frente ao Caju. Arregimentou um grupo para a tarefa.

Lá pela décima ampola, Marecha resolveu tirar uma água do joelho. Ao iniciar os procedimentos da mijada, sentiu a presença, ao lado do vaso, de um bode preto, impoluto, silencioso, barba à Pedro II e olhar penetrante. O caprino manjava fixamente o jornalista.

Assustado com a presença do bicho, Marechal concluiu que se tratava de um óbvio fenômeno sobrenatural. O bode era uma aparição, não havia dúvida. De volta aos trabalhos etílicos, Alvinho comunicou, em sussurrante gaguejar, aos amigos:

— Minha gente. O lugar aqui é sério. Não é pra apavorar ninguém, mas tem um bode preto perto da privada. É o espírito de alguém, não tenho dúvida.

Intrigados, os bebuns começaram a ir, um por um para não disseminar o pânico, ao mictório verificar o fenômeno. Cada um que voltava tecia considerações sobre o bode, que de fato lembrava o caprino do *Livro de Capa de Aço da Magia de São Cipriano*.

Alguém sugeriu que um Pai-Nosso bem rezado poderia afastar a assombração. Marechal assumiu a tarefa de mandar o bicho de volta ao além. Entrou no banheiro, lembrou dos tempos de congregado mariano, fechou os olhos e mandou ver.

Marecha acabou a oração mais tranquilo, crente de que o animal tinha desaparecido. Não funcionou. O bode continuava firme e forte, paradão, com pose de Capricórnio da revista do horóscopo da Zora Yonara. Marechal olhou nos olhos do bicho e apelou:

— Vai em paz. Deixa esse mundo, meu velho.

O bode finalmente se manifestou. Deu um berro profundo, longo, aterrorizante, que fez o nosso Marecha sair em desabalada carreira. O bicho foi atrás, enfurecido.

Marechal passou varado pelo salão, gritando, e o bode na cola dele. Atravessaram a rua e entraram pela alameda principal do campo-santo, seguidos por uma legião de pinguços e pelo dono do boteco, que bradava em direção ao caprino:

— Volta aqui, Luiz Armando. Volta aqui, Luiz Armando. Quem foi o filho da puta que soltou você. Luiz Armando, porra...

Marechal escalou, com impressionante agilidade, a sepultura do Barão do Rio Branco e colocou-se em um lugar a salvo do animal. Luiz Armando atendeu aos apelos do dono e acalmou-se, capturado por um coveiro que, diante da pequena multidão que se formara, esclareceu o fato:

— Esse negócio de criar bicho no quintal pra vender pra curimba em porta de cemitério é coisa séria. Tem que ser profissional. Semana passada foi a galinha-d'angola que entrou bicando todo mundo num velório.

Após ser resgatado do cume da tumba do Barão (um espetáculo de sepultura — o homem de imprensa garante que conseguiu ver, lá de cima, as praias oceânicas de Niterói), Marechal declarou perante testemunhas — sou uma delas — que o Caju é o único cemitério viável para um carioca.

O episódio do bode Luiz Armando é a prova contundente disso. Concordamos todos e firmamos, ali mesmo, um pacto: o cemitério da Zona Portuária será a nossa derradeira morada.

Educação pelo Telecatch

Apesar de adorar o jogo de bola, sou obrigado a confessar que o futebol não é o meu esporte predileto. Perde na minha preferência para o pega-varetas, a purrinha, a ronda, o preguinho, o jogo de botão, o buraco, o sete e meio, o bambolê e o telecatch. À época das Olimpíadas do Rio de Janeiro, manifestei meu desejo de que a purrinha fosse esporte olímpico em 2016. Achei também que o Telecatch deveria substituir o boxe nos jogos e não custava nada colocar o futebol de botão como esporte de exibição. Fui ignorado, é claro.

Lembro-me da emoção que sentia, quando criança, assistindo ao lado do meu avô às lutas do Telecatch Montilla na televisão e torcendo pelos reis do ringue: El Toro, El Duende, Mongol, Rasputin, Leão do Líbano, El Condor, Toureiro Cordobés, Espanholito, Bala de Prata, Múmia, Índio Saltense, Tigre Paraguaio, Fantomas, Verdugo, Cangaceiro, Capanga, Leopardo, Caruso, Rudy Pamias, Tony Videla, Alvinho Mariscal e Ted Boy Marino, o mocinho.

O que acontecia durante as pancadarias me deixava próximo de um colapso. O vilão enchia o mocinho de pancada, com golpes baixos, chute no saco, puxão de cabelo, mordida, pedrada na cabeça e o diabo. No auge da matança, o malvado, literalmente com a macaca, espremia limão nos olhos do mocinho e cortava o supercílio do herói com uma gilete (o saquinho com groselha estourava para simular o sangue, gerando comoção no público).

O juiz tentava separar e entrava no cacete também. O público vaiava, jogava rádios de pilha, cuecas, ovos, tomates e sapatos no ringue. Garotas desmaiavam em crise histérica. No clímax, o vilão levantava o mocinho, dava cinco voltas com ele por cima da cabeça, o zunia pra fora do ringue e urrava comemorando a vitória. Subitamente, porém, o mocinho ressuscitava, buscava forças sabe-se lá de onde e voltava ao ringue em grande estilo. Para delírio da plateia, aplicava 200 tesouras voadoras no vilão e ganhava o combate.

As lutas, que ocupavam o horário nobre, acabaram censuradas pelo regime militar e geraram protestos de empresários e lutadores de boxe, que acusavam as armações do telecatch, com os golpes coreografados e os finais combinados, como desabonadoras da arte do pugilismo. Uma calúnia, como se percebe.

Sou dos que acham, pelo contrário, que o telecatch me educou. As pancadarias combinadas me mostraram que o mal sempre nos espreita, o bem vence no final (se não venceu, é porque o final ainda não chegou), o crime não compensa e a vida — como as lutas e os lutadores — não deve ser tão levada a sério.

Cenas de dezembro

Do meu posto de observação na Zona Norte, encaro o mês de dezembro como um período de transe coletivo. Tento me manter discreto, verificando nas ruas, botequins, farmácias e mercados (ótimos postos de observação do comportamento humano) como o humor das pessoas se altera nessa época de festas.

Dia desses vi um sujeito pacífico perdendo as estribeiras na Praça Saens Peña. O cabra começou a declarar publicamente, com olhar esbugalhado e voz de comício, que matará a própria tia na véspera do Natal. O distinto declarou não aguentar mais o número clássico da velha anunciando a própria morte.

O caso merece breve explicação. Toda família tijucana que se preza tem pelo menos uma tia que, no auge da festa de Natal, cai em prantos, anuncia que morrerá em breve e estraga a ceia. A frase é geralmente a mesma, com pouquíssimas variações: "Eu quero dizer que esse é meu último Natal; no ano que vem não estarei mais aqui." No ano seguinte lá está ela, vivinha da silva, anunciando a morte próxima.

É evidente que o camarada, mais manso que uma pomba no ombro de São Francisco de Assis, não matará a tia. A bravata é típica do destempero que acomete as pessoas em dezembro.

Outro fato que merece observação: os adultos realmente acham que as crianças gostam de tirar fotos com o Papai Noel do shopping. Salvo exceções, a cena se repete sempre. A criança abre o berreiro, os pais insistem, jogam o menor no colo do Bom Velhinho e dizem o tradicional "abre um sorriso". O Papai Noel, a maior vítima dessa história, tem que manter a pose para garantir os caramínguás da ceia.

Em dezembro do ano passado presenciei uma cena notável. Estava tomando uns birinaites, no início da noite, no Columbinha, na Haddock Lobo, quando observei um garoto tendo um ataque na calçada, diante dos pais. O pequeno visigodo gritava, no chilique, que queria ver imediatamente a árvore de Natal da Lagoa.

Aproximou-se dele, com grande tino psicológico, um sujeito com pinta de oriundo do cangaço e cheio de cangebrina. O cidadão disse ao moleque: "Vou te mostrar uma iluminação muito mais bonita que a da árvore da Lagoa, que é mixuruca. Olha lá."

E apontou para o Motel Palácio do Rei, do outro lado da rua, que acendia naquele momento um letreiro feérico, com um efeito especial de pisca-pisca que desenhava a silhueta do Papai e da Mamãe Noel em trajes sumários.

O auge da performance foi quando os pinguços do Columbinha aplaudiram o letreiro do motel com a mesma sensibilidade e integração à natureza com que a turma descolada do Posto 9 aplaude o pôr do sol. O menino sorriu.

Primeiro sinal do Natal

Na semana passada, no camelódromo da Central do Brasil, vi um boneco do Papai Noel. É o primeiro sinal, em meados de outubro, de que o Natal se aproxima. Aproveito o ensejo e lanço uma campanha urgente: ainda dá tempo de substituir o Papai Noel pelo Vovô Índio na festa de 2014. É por isso que dou a dica com alguma antecedência.

O Vovô Índio foi um personagem criado na década de 1930, pelo jornalista Cristovam Camargo, adepto do movimento integralista. Nacionalistas radicais, os integralistas resolveram substituir o Papai Noel, que ainda não gozava de grande prestígio, por um índio amazônico imenso, que saía pelo ciclo da natividade a distribuir presentes entre as crianças.

A substituição, porém, nunca colou. Acontece que as crianças se pelaram de medo do tal silvícola natalino. O Vovô Índio parecia mais um daqueles caboclos de umbanda, que usam cocares comprados no Mercadão de Madureira e dão consultas e passes com charutos. Comerciantes chegaram a estimular cerimônias para receber com festas o personagem nacionalista. Não deu certo.

Houve uma ocasião em que a chegada do Vovô Índio a uma festa de Natal promovida no Estádio de São Januário, campo do Vasco da Gama, terminou em memorável furdunço. A entrada do aborígine no gramado — de cocar, tanga, arco e flecha e saco de presentes — causou verdadeiro pânico entre as crianças.

Em meio a um chororô dos infernos e correria generalizada, um guri encapetado, certamente estimulado por doses cavalares do Biotônico Fontoura, arrancou o cocar do tupi-guarani e se empirulitou. O índio ameaçou flechar, em legítima defesa, os curumins mais afoitos e acabou perseguido por mães furiosas. Depois do fracasso do evento, o Vovô Índio voltou para as profundezas amazônicas e o Papai Noel se afirmou com força cada vez maior entre nós.

Apesar do fracasso nos anos 1930 e 1940, sou pela volta do Vovô Índio; ainda mais num calor de alto-forno de siderúrgica, como o do verão canarinho em tempos de cataclismos ambientais e sob o risco de racionamento de água. Apavoro-me ao imaginar um verão sem encher a minha piscina Tone, a alegria da garotada.

Aposto também que o cidadão que descola uns caraminguás no Natal bancando o Papai Noel de shopping preferirá, em vez de vestir-se para um frio de polo norte, meter uma tanga e um cocar vendido por uns merréis em alguma loja de macumba.

Portando discreta zarabatana, o Vovô Índio ainda terá condições de lidar melhor com pais histéricos e crianças aos berros, personagens típicos de mais um Natal que se avizinha.

Inimigo do amigo-oculto

O ritual do amigo-oculto, tradicional na troca de presentes do ciclo do Natal, tem origem incerta. Há quem fale em rituais nórdicos; há quem encontre as origens da troca de presentes na Grécia Antiga. Meu avô, nordestino militante, insistia na ideia de que o amigo-oculto era uma invenção do bando de Lampião, o rei do cangaço. O velho nunca explicou sua estranha teoria, apenas dizia que os cangaceiros comemoravam o ritual da troca de presentes dançando xaxado e trocando tiros com a volante.

Parece que a prática se popularizou nos Estados Unidos, durante a Grande Depressão da década de 1930. Depois da quebra da bolsa de Nova York, em 1929, a pindaíba impedia que o cidadão comprasse presentes para a família toda. Com o ritual do amigo-oculto, bastava comprar apenas uma lembrancinha, o que aliviava o bolso naquele momento difícil, em que o sujeito perigava ter que latir no quintal para economizar até o cachorro.

Eu confesso que tenho horror ao ritual do amigo-oculto. Acho que é trauma da ocasião em que presenteei o amigo secreto com um tênis caro pra chuchu e ganhei de volta uma caneca em que estava escrito "Estive em São Lourenço e lembrei de você".

O ritual do amigo-oculto também inviabiliza a ida com tranquilidade a bares e restaurantes no fim do ano. O perigo é encontrar a festa do pessoal da repartição. Em meia hora os bebuns amadores — os pinguços de festas de fim de ano são sempre amadores — chamam urubu de meu louro e começam a gritar. A funcionária padrão, normalmente recatada, solta a franga, enche a cara e ameaça fazer striptease, ao som do funk da moda. O chefe carrancudo se revela um baiano em potencial e começa a fazer coreografias do carnaval em Salvador.

No ápice do fuzuê começa o amigo-oculto. Não satisfeitos com a troca de presentes em público, os participantes ficam, aos berros, dando palpites sobre quem fulaninho tirou. Nessa época, portanto, é melhor pedir a comida em casa.

O pior é que não há como fugir do ritual. O sujeito jura que nunca mais entrará em amigo oculto; vai romper com o consumismo e os cacetes. Balela. Tem sempre pelo menos um amigo oculto de família cuja participação é irrecusável. Para esculhambar mais ainda, só mesmo a cena clássica do parente agregador; aquele que insiste em transformar a troca de presentes em um ritual descontraído. O parente agregador, normalmente histérico, é a maior praga do ciclo da natividade.

Com este texto espero estar mandando um recado elegante aos amigos, colegas de trabalho e familiares: façam o amigo oculto, mas não me chamem.

A chegada de Sinhá Pureza

E lá se foi mais uma noite de réveillon e tudo amanheceu da mesma forma. Eu passei a virada manso, sem maiores alardes. Nunca fui de traçar planos mirabolantes para um novo ciclo que se inicia nem costumo me entregar aos estados extremos de euforia e depressão que essa época do ano sugere. Prefiro ficar na moita; pegando leve e tomando uns biricoticos com parcimônia.

Passei, para preparar os comes e bebes da virada, por um supermercado na véspera do fuzuê e fiquei impressionado com a quantidade de gente comprando sidra. A garrafa de champanhe anda pela hora da morte e a sidra cumpre o papel de fingir que é champanhe nessas ocasiões. Tudo é questão psicológica. Já vi até malandro beber Sonrisal em taça de espumante para entrar no clima. De toda forma, quero distância das sidras. São perigosíssimas, sobretudo nessas datas festivas.

Lembro-me de uma ocasião em que os moradores da vila onde minha tia-avó morava resolveram fazer um réveillon. Foi quando vi o doutor Oswaldo Valadão, um advogado sério, calado, metido a intelectual, se transformar completamente. O homem, que tinha fama de reserva moral, emburacou na sidra de macieira de terceiro escalão e perdeu as estribeiras. É justo dizer que a esposa do esnobe, prenunciando a catástrofe, fez vários alertas no estilo "Valadão, você não está acostumado".

Pois houve finalmente um momento em que o homem pirou. Aos primeiros acordes de Sinhá Pureza, um carimbó de Pinduca que fez um sucesso estrondoso nos anos 1970 (vou ensinar a Sinhá Pureza, a dançar o meu sirimbó / Sirimbó que remexe mexe, sirimbó da minha vovó), Sua Excelência deu um grito, jogou a sidra para o alto e começou a tirar a roupa.

Enquanto ameaçava ficar pelado, o homem gritava algo como "eu sou a Sinhá Pureza; nesse ano que está começando eu só quero ser chamado assim". Incontrolável, o doutor só acabou contido pela entidade de uma vizinha. Apesar de católica (apostólica romana, como gostava de frisar) e detestar macumba, a dona invariavelmente recebia um caboclo na noite de réveillon que urrava e saía dando consultas, passes com baforadas de charuto e esporro em todo mundo. O caboclo enquadrou o doutor Valadão.

A festa passou e o distinto voltou a vestir a carranca de advogado sério e impenetrável, além de ameaçar meter um processo em todo mundo que o chamasse pelo mimoso apelido de Sinhá. Ameaçou também processar a fábrica da sidra de macieira, mas desistiu. Seis meses depois daquele réveillon, Sinhá Pureza mudou-se de mala e cuia com a família para destino ignorado.

Cartografia

O Rei Momo, o maluco que esculhambou o velório de um coronel achando que estava no velório do Blecaute, Luz Del Fuego pelada na Ilha do Sol, a estátua de Seu Tranca-Rua no Mercadão de Madureira, o Mão Branca, o esquadrão da morte, Seu Sete da Lira dando passes no Chacrinha e baixando na mulher do presidente Médici, marmiteiros do trem da Central e as aventuras de Tião Maria, maior cachaça da história do Catumbi e fundador do Bafo da Onça.

O Nero de Cavalcante (o médium Lourival de Freitas, que recebia o espírito do Imperador de Roma no subúrbio carioca, operou espiritualmente Tom Jobim e ameaçou curar uma erisipela do meu avô com fósforos e gasolina), a loura de algodões nas narinas que atacava crianças em banheiros de colégios, a bruxa do Arco do Teles, a mulher de branco que pedia carona na porta do cemitério, o trem que saía de Santa Cruz levando mortos até a Central do Brasil.

O menino degolado por linha de pipa com cerol que aparecia sem cabeça querendo brincar, o fantasma cientista do castelo da Fiocruz, a manicure que recebia Carlos Gardel em um centro de mesa espírita na Fazenda da Bica e a soprano morta que cantava árias suicidas nas madrugadas no Theatro Municipal.

A Imperatriz das Sedas, os ternos da Bemoreira Ducal, o dia em que me fantasiei de pomada Minâncora no carnaval e o meu tesão pela moça que se transformava em Konga, a mulher gorila dos parques de diversões.

Ted Boy Marino, Fantomas, Verdugo e demais heróis e vilões do Telecatch Run Montilla. Os craques da roda de bobinho dos malucos do Pinel, as rezadeiras e benzedeiras de Nova Iguaçu e os ogans das macumbas cariocas.

Encantados da minha cangira.

Vez por outra recebo e-mails me mandando encontrar Jesus. Alguns me consideram caso perdido. O mais comovente foi o de uma senhora dizendo que, por piedade, rezaria para que Deus me perdoasse e tivesse pena da minha alma. Agradeci e torço por isso.

Desconfio da existência de um fio condutor no que rascunho: vivo brincando com os limites entre a História e a crônica a partir das encruzas, contando histórias de ajuremados, vagabundos, bebuns, foliões, jogadores de ronda, rufiões, damas da noite, onanistas, poetas fracassados, chacretes, partideiros, coveiros, macumbeiros, perebas e brasileiros miúdos.

Uma galera que é nó do mundo e viração do perrengue, descortinando soluções de sobrevivência no precário, burlando a morte, que incomodam sabichões de todos os lados. Santos, diabos e cavalos de santo.

Cresci na margem do rio fundo do terreiro de Mãe Deda, minha avó. Sou da Lira; fico na tocaia dos desacontecimentos potentes e os mundos importantes me interessam pouco ou quase nada. Causam, sobretudo, enfado e desencantamento. Na crise do Brasil, a minha rota de fuga é exatamente o mergulho mais intenso no Brasil. Incapaz de outras militâncias, as histórias que conto são essas, de infância e assombrações. Nelas afago meus avós — meu reencontro cotidiano — e as gentes de batuques, marafos e arrelias.

A minha turma.

O meu Ano-Novo

A comemoração do Ano-Novo no primeiro dia de janeiro é relativamente recente. Ao longo dos tempos e das diversas civilizações, a data de celebração de um novo ciclo é diversa. Os babilônicos costumavam comemorar o novo ano no equinócio da primavera; os assírios e egípcios realizavam os festejos em setembro; os gregos celebravam o furdunço em finais de dezembro; os velhos persas escolheram março.

Chineses, japoneses, judeus e muçulmanos ainda têm datas próprias e motivos diferentes para comemorar a virada; como os quechuas de Twianacu, que comemoram o novo ano no início do ciclo agrícola, em junho.

Os hindus da Índia pegam pesado. Dependendo da região do país, onde prevalece o calendário lunar, há os que datam os meses pela lua cheia e os que fazem isso pela lua nova. Breve esclarecimento: na tradição hindu o ano começa com o retorno de Lakshmi, a deusa da prosperidade, que em certo momento do ciclo se empirulitou. Para que a deusa encontre o caminho de volta, as casas e ruas são iluminadas e fogos de artifício são utilizados. A data da volta da deusa, todavia, muda de acordo com a região do país.

Entre os povos ocidentais, a data de primeiro de janeiro tem origem entre os romanos (Júlio César a estabeleceu em 46 a.C.). Só em 1582, com a adoção do calendário gregoriano, a igreja católica oficializou o primeiro dia de janeiro como o início do novo ano no calendário ocidental.

Para os cariocas, o hábito de se comemorar a virada na praia começou com os umbandistas, que durante muitos anos ocupavam sozinhos as areias para louvar Iemanjá. A iniciativa de se fazer a festa na praia de Copacabana partiu da turma que acompanhava Tancredo da Silva Pinto, o Tata Tancredo, líder religioso, sambista (foi fundador da Deixa Falar do Estácio) e personagem fundamental da cultura do Rio de Janeiro.

Como, portanto, cada cultura estabelece marcos e datas diferentes para a mudança de ciclo, acho que continuarei dando pouca pelota para o primeiro de janeiro. A verdade é que escrevi essa presepada toda apenas para dizer que no meu imaginário o novo ciclo começa sempre na Quarta-Feira de Cinzas e o meu rito de virada, esquecimento, memória e renovação, é mesmo o carnaval.

O Novo-Ano, ao menos na minha percepção emocional do que é o ciclo, começará, como sempre, na Quarta-Feira de Cinzas.

Este livro foi impresso no
Sistema Digital Instant Duplex da Divisão Gráfica da
DISTRIBUIDORA RECORD DE SERVIÇOS DE IMPRESA S.A.
Rua Argentina, 171 - Rio de Janeiro/RJ - Tel.: 2585-2000